金教鞭

U0892283

幼儿园

木偶剧剧本精选

◎主编　黄阿香

海峡出版发行集团 THE STRAITS PUBLISHING & DISTRIBUTING GROUP | 福建人民出版社 FUJIAN PEOPLE'S PUBLISHING HOUSE

图书在版编目（CIP）数据

幼儿园木偶剧剧本精选 / 黄阿香主编. --福州 ：福建人民出版社，2024.10

（“金教鞭”丛书）

ISBN 978-7-211-09188-1

Ⅰ.①幼… Ⅱ.①黄… Ⅲ.①木偶剧—剧本—作品集—中国—当代 Ⅳ.①I238.7

中国国家版本馆 CIP 数据核字（2023）第 194188 号

幼儿园木偶剧剧本精选

YOU'ERYUAN MU'OUJU JUBEN JINGXUAN

主　　编：黄阿香
副 主 编：周清芳
责任编辑：吴梅香　蔡彬彬
责任校对：李雪莹
出版发行：福建人民出版社　　**电　　话**：0591-87533169(发行部)
网　　址：http://www.fjpph.com　　**电子邮箱**：fjpph7211@126.com
地　　址：福州市东水路 76 号　　**邮政编码**：350001
经　　销：福建新华发行（集团）有限责任公司
印　　刷：福建新华联合印务集团有限公司
地　　址：福州市晋安区福兴大道 42 号　　**电　　话**：0591-88208420
开　　本：700 毫米×1000 毫米　1/16
印　　张：12.5
字　　数：167 千字
版　　次：2024 年 10 月第 1 版
印　　次：2024 年 10 月第 1 次印刷
书　　号：ISBN 978-7-211-09188-1
定　　价：35.00 元

本书编写组

主　　编： 黄阿香

副 主 编： 周清芳

编写人员： 王海霞　林珊珊　杨东红　郑榕榕
陈真真　林　娟　陈素娥　陈丽婉
邱冠楠　戴思贝　邓丹妮　潘安娜
陈采煌　黄晓真　薛　瑾　陈雅莉
林阿兰

前言

2017年，中共中央办公厅、国务院办公厅印发的《关于实施中华优秀传统文化传承发展工程的意见》中指出，当前的重点任务之一是“围绕立德树人根本任务，遵循学生认知规律和教育教学规律，按照一体化、分学段、有序推进的原则，把中华优秀传统文化全方位融入思想道德教育、文化知识教育、艺术体育教育、社会实践教育各环节，贯穿于启蒙教育、基础教育、职业教育、高等教育、继续教育各领域”。幼儿教育作为启蒙教育，也承担了传承中华优秀传统文化的重任。

木偶剧，这一古老而迷人的艺术形式，拥有超过两千年的悠久历史，以其独特的魅力，跨越古今中外，赢得了无数观众的喜爱。泉州木偶剧集精湛的木偶雕刻技艺、生动的表演风格于一体，独树一帜，享誉全球。泉州每两年举办一次国际木偶艺术节，这不仅是一场木偶艺术的交流与展示盛会，更为幼儿提供了近距离地观赏、表演及学习创作木偶剧的平台。

泉州市刺桐幼儿园充分利用在地文化资源，深入挖掘泉州木偶艺术资源，经过近三十年的不懈探索与实践，建构了系统的幼儿园木偶教育体系。泉州市刺桐幼儿园关于木偶教育的探索过程，经历了以下三个阶段。

起步阶段——开展幼儿园木偶表演游戏。2002年起，刺桐幼儿园以木偶表演游戏为切入点，开展教育实践与探索。教师通过营造充满木偶元素的环境，根据不同年龄段幼儿的特点，提供玩偶、杖偶、布袋偶、提线偶和皮影偶等，激发幼儿操作木偶的兴趣，引发幼儿对木偶的喜爱之情。

发展阶段——构建幼儿园木偶教育活动体系。2003年至2014年间，刺桐幼儿园遵循《幼儿园教育指导纲要（试行）》和《3～6岁儿童学习与发展指南》的精神，积极探索开展幼儿园木偶教育活动。在此期间，园内形成了幼儿园木偶教育活动的目标体系，开展了八种不同类型的幼儿园木偶教育活动，丰富了幼儿园木偶教育活动的内容，梳理了利用木偶开展幼儿园教育活动的主要策略，并出版了《幼儿木偶教育活动实例》（福建人民出版社2005年版）一书。

提升阶段——丰富并推广幼儿园木偶教育活动成果。自2014年以来，刺桐幼儿园转向探索利用木偶教育活动促进幼儿核心素养发展的适宜内容和有效途径。同时，幼儿园更加注重实践与理论的结合，重视理论成果的构建，全面梳理了教学项目——“利用木偶开展幼儿园教育活动，促进幼儿发展的实践探索”的成果，提高教育研究的自觉性和前瞻性。此外，幼儿园还通过建立试点园、园际分享以及跨界文化交流等方式，不断扩大教育活动成果的应用与推广范围。

刺桐幼儿园注重将传统木偶艺术与先进的教育理念相结合，开展了多种不同类型的木偶教育活动，如幼儿园木偶剧剧本创编、幼儿园木偶制作、幼儿园木偶表演游戏、亲子木偶表演活动、社区木偶表演活动等。这些活动不仅极大地丰富了幼儿的学习体验，也有效地促进了幼儿对泉州木偶艺术的了解与传承。刺桐幼儿园的木偶教育活动也因此屡获殊荣，如2014年荣获“首届基础教育国家级教学成果奖”二等奖等。幼儿园木偶剧剧本创编和幼儿园木偶剧剧目表演便是其中部分成果的体现。

木偶剧剧本，作为儿童文学的一种独特体裁，其艺术魅力与教育价值不容忽视。优秀的木偶剧剧本以木偶为载体，赋予静态物体生命力，剧情构思巧妙，角色性格鲜明，充满了童真与幻想，为幼儿开启了一扇通往想象世界的大门。

《幼儿园木偶剧剧本精选》一书，精心挑选了泉州市刺桐幼儿园近十年来师幼共同创编的数十个经典木偶剧剧本。这些剧本以趣味性为先导，以育人为根本，内容贴近幼儿的生活，同时充分展现了木偶艺术的独特魅力。这不仅有助于引导幼儿了解和传承中华优秀传统文化，树立正确的价值观，提升审美情趣，还有助于促进幼儿的全面发展。

为了帮助教师充分利用本书所提供的剧本开展活动，本书在剧本后的“活动建议”部分，从“欣赏与思考”“健康领域”“语言领域”“社会领域”“科学领域”“艺术领域”“家园共育”“社会实践活动”等多个维度出发，针对不同年龄段的幼儿，提供可操作性强、有价值的活动思路和指导建议，为教师利用木偶及木偶剧剧本开展各类教育活动提供抓手。

另外，本书在提供木偶剧剧本的同时，还配备了音质和画质俱佳的木偶剧表演视频，供广大读者欣赏（扫描封底二维码）。

我们期待本书的出版，能与广大读者共同分享我们在木偶剧剧本创作及剧目编排方面的经验与成果，提升创编木偶剧剧本的能力，探讨“以幼儿为本”的木偶剧剧本所蕴含的教育价值与实际应用模式，开展生活化、游戏化的高质量幼儿园木偶教育活动。

本书凝聚了泉州市刺桐幼儿园师幼的集体智慧与辛勤汗水，经过两年多的精心制作，终于得以面世。尽管在此期间团队成员经历了人事变动，但项目依然得以顺利推进。

在本书的编写过程中，主编黄阿香和副主编周清芳共同负责全书的策划、统稿工作，全体编写组成员参与了本书剧本的创编工作。此外，泉州市刺桐幼儿园的教师、幼儿及家长也通力合作，共同完成了木偶剧的木偶造型设计、剧目表演的录制等工作。在此，我们对所有支持和帮助过本项目的各级领导、专家、编辑们表示衷心的感谢！

本书编写组

2024年9月

目录

防抗台风

场景：台风天（海浪汹涌、小木屋）

角色：台风、小雨、小云、唐僧、孙悟空、猪八戒、沙僧

道具：金箍棒、钉耙、钵盂、禅杖、快板

〔幕启。全场暗，音乐响起。〕

旁白：（肃穆）又到了夏天，强台风正在登陆。

〔一声巨响，配上闪烁的灯光，台风出场。〕

台风：（狂笑）哈哈哈，久违了！（有节奏地念白）台风我，威力无比，要风就得风，要雨就得雨，横扫陆地，无人能挡，无人能挡！哈哈哈哈哈……狂风！暴雨！向下一站进军！

〔音乐响起，狂风大作，随着台风退场，风力慢慢变小。小雨和小云出场。〕

小雨：云妹妹，台风快来了，就要下暴雨了，我们赶紧回家吧！

小云：不嘛不嘛，我还想玩一会儿再回去。

小雨：云妹妹，台风来，暴雨到，路上危险，我们还是赶紧回家吧！

小云：那我们到大树底下避避雨吧！

小雨：不行不行，台风会带来雷电暴雨，树木会导电，千万别躲在树下。

〔小云靠近小木屋。〕

小雨：云妹妹，别靠近，那房子屋顶不牢固，危险！我们还是赶紧回家吧！

小云：好吧！

〔两人一起走，风声越来越明显。唐僧师徒四人随着滑稽的音乐出场。〕

孙悟空：师徒四人得造化。

猪八戒：新世纪里新任务。

沙僧：成立自动气象站。

唐僧：妙！

孙悟空：师徒四人齐上阵。

猪八戒：各显神通来支援。

沙僧：防抗台风动作快。

唐僧：绝！

〔音乐响起，风越来越大，逐渐加上电闪雷鸣。〕

孙悟空：师父，此处妖气越来越重！

唐僧：马上启动应急预案。

孙悟空：师父，那里有小孩快被风卷走了！快，我们前去营救！

〔小雨和小云在风雨中相互拉着手，师徒四人顶着大风朝小雨、小云走过去。〕

唐僧：八戒，快！把他们扶到安全的地方。

〔风继续刮着。台风出场。〕

台风：哈哈哈，台风转转转，狂风来，暴雨降，灾难到。哈哈哈哈哈……

〔孙悟空跳出，掩护大家，其他人退至舞台旁边，安顿小雨和小云。〕

孙悟空：何方妖孽，胆敢在我境内兴风作浪？

台风：哈哈哈，就你们几个也想挡住我？哈哈哈……

孙悟空：弟兄们，亮法宝！

猪八戒、沙僧：是！

孙悟空：俺发明了新时代的气象雷达，千里眼、顺风耳、避雷针，样样齐全。就你这妖怪，早就在俺的监控之中了。（唱）我得意地笑，我得意地笑……

猪八戒：嘿嘿，这可是俺老猪发明的新型地温钉耙。转一转，风力风向尽得知；耙一耙，地温湿度俺把握。（唱）我得意地笑，我得意地笑……

沙僧：这可是我最新发明的量雨器。

孙悟空、猪八戒、沙僧：害怕了吧？

唐僧：徒儿们，低调，低调。

台风：害怕？哈哈哈，抖抖身子，狂风强，暴雨降，地球变海洋。就你们？哈哈哈——看谁笑到最后！

孙悟空：妖怪，呲呲呲，吃俺老孙一棒！

〔音乐响起，双方对抗。〕

众：万众一心，对抗台风，万众一心，对抗台风……

〔音乐响起，师徒和小雨、小云一起手挽手，站成一排，边跳舞边唱。师徒四人一步一步地逼向台风。台风见势一步一步向后退，一转身逃跑了。〕

众：（欢呼）噢！台风被赶走喽，台风被赶走喽！

孙悟空：不行，得把这妖怪给收了，莫让它再害人。

唐僧：悟空，得饶人处且饶人。

孙悟空：（嘀咕）哦，去，去，去。这一次台风得让我们损失多少！

唐僧：此言差矣！

〔众人开始用快板说唱。〕

小雨、小云：台风来得猛去得快。

猪八戒：带来狂风和暴雨。

唐僧：虽说危害也不小。

沙僧：但也带来雨和水。

小雨、小云：缓解干旱降气温。

唐僧：净化空气有功劳。

小雨、小云：台风来临别害怕。

小雨：安全防护要牢记。

小雨、小云：要牢记！

孙悟空：唔，那咱就先放它一马？

众：嗯！

〔欢快的音乐响起，众人随乐而舞。〕

〔剧终。〕

【活动建议】

台风总在每年的夏季和初秋肆意侵袭陆地，已成为四大自然灾害之一。该木偶剧将台风拟人化为具象、生动的角色，使其和大家所熟悉的、角色特征明显的《西游记》师徒四人产生激烈的矛盾，既让剧情诙谐有趣，又潜移默化地将台风的自然危害和防抗方法等气象常识有机融入。剧中孙悟空、猪八戒和沙僧三人的“神器”都成了幻想版的“气象勘测器”，具有丰富的想象力，又符合剧情的发展需要。鉴于该木偶剧所蕴含的教育价值，编写者提出几点建议。

1. **欣赏与思考。**引导语：“剧中有谁？遇到了什么事情？台风来了，有什么危害？要如何保护自己？孙悟空、猪八戒、沙僧手中的金箍棒、钉耙、钵盂等变成了什么？为什么？台风对人们的影响除了有危害，有好处吗？为什么？”

2. **语言领域。**可引导幼儿学习戏剧中结尾部分的快板说唱内容，通过朗朗上口的语句让幼儿了解台风的危害和好处，懂得正确看待台风给人们带来的利与弊。

3. **科学领域。**引导幼儿观看台风来临的新闻报道、科学动画片等，在科学区中设置“风箱”，引导幼儿尝试做“台风来了”的实验，让幼儿感知台风的形成条件；提供各种预防台风的安全教育图书、图片等，让幼儿了解台风的危害和防护措施。

4. **艺术领域。**引导幼儿尝试利用废旧材料制作戏剧中的金箍棒、钉耙、钵盂等道具；引导幼儿利用自制的道具，选择适宜的木偶表演该剧目，重点用语言表现不同角色的音色和语调；学习木偶打斗的艺术表演动作。

5. **社会实践活动。**引导幼儿开展与台风相关的调查活动，调查记录台风的形成、危害、益处等相关问题，用图文并茂的形式表现调查的内容和结果，尝试用画、说、演等形式表现对台风的认识和感受。鼓励家长利用周末组织家庭假日小组活动，带幼儿到科技馆“台风室”感受台风的风力与人们的关系，让幼儿通过亲身体验提高自我防护的意识。也可组织幼儿到气象局，借助电子观察记录器，观察和了解云象、风势等气象变化。

地震来临

场景：幼儿园活动室

角色：老师、幼儿甲、幼儿乙、幼儿丙、幼儿丁、救援队员甲、救援队员乙、救援队员丙

道具：桌子、椅子、铲子、小石头、玩具挖土机

〔幕启。老师和众幼儿围坐在一起。〕

老师：小朋友们，大家好！

众幼儿：老师好！

老师：你们知道发生地震了要怎么办吗？

幼儿甲：抱住头，躲在桌子旁边。

幼儿乙：不要靠近有玻璃的地方。

幼儿丙：等房子停止摇晃后要赶紧跑出去。

幼儿丁：如果跑不出去不要害怕，要喊救命。

老师：小朋友说得真好！发生地震了一定不要害怕，要……

〔突然间房屋剧烈摇晃，幼儿乱成一团，慌张地哭喊。〕

众幼儿：地震了！老师，老师，我怕，我怕！

老师：孩子们，不要慌，不要怕，抱着头，快蹲下。快！快！

〔老师赶紧把幼儿带到桌子旁。有的幼儿哭喊着，扑进老师的怀里。〕

幼儿甲：老师，我怕！老师，我怕！

〔老师用身体护住吓得瑟瑟发抖的幼儿。〕

老师：不用怕，有老师在！

〔门窗摇晃声响起，师幼处于紧张状态。渐渐地，摇晃停止。〕

老师：孩子们，要镇定，大家赶快跟着老师有秩序地跑出去……

〔老师组织幼儿有序地向空旷的地方跑去。〕

〔突然，一面墙倒塌，眼看要砸到幼儿丁，老师赶紧向前扑到幼儿丁身上，用身体掩护了幼儿丁。他们被压住了。〕

老师：孩子，你没受伤吧？

幼儿丁：呜呜呜……老师，我的脚很疼。我怕！我怕！

老师：不要怕！有老师在这里保护你，你要勇敢！

幼儿丁：老师，我们被压住了，怎么办呀？

老师：不要急，我们想办法让外面的人知道我们被压在这里，就会有人来救我们的。

〔老师用小石头敲打地面，发出声音。〕

老师：孩子，要坚持住，一定会有人来救我们的。

〔消防车声音响起，救援队员出场。〕

救援队员甲：同志们，我们要和时间赛跑，要不惜一切代价救出老师和孩子。出发！

众幼儿：叔叔，快救救我们的老师和伙伴！

救援队员乙：孩子们，放心吧，我们一定会把你们的老师和伙伴救出来的。

〔救援队员们有的开着挖土机，有的拿着铲子撬，有的用手挖，实施救援行动。〕

老师：孩子，坚持住，有人来救我们了！

〔救援队员终于把老师和幼儿丁救出来了。大家齐声欢呼。〕

众人：地震地震是猛兽，地震来了山摇动。地震地震不可怕，沉着冷静最重要。摇动时刻不能跑，找个墙角躲起来。摇动过后跑出去，开阔地方最安全。压在地下也不哭，先把心情静下来。听到人声再呼救，保持体力不慌张。相信人间有真情，危难时刻会过去。

〔剧终。〕

【活动建议】

地震是常见的自然灾害之一。该木偶剧利用生动、形象的木偶表演，再现地震发生前后的场景，将地震产生的危害和逃生自救的方法自然融入剧情中，引导幼儿直观地了解和学习与地震有关的安全常识。鉴于该木偶剧所蕴含的教育价值，编写者提出几点建议。

1. **欣赏与思考。**引导语：“该木偶剧发生在什么场景下？发生了什么事？当地震来临时，周围会发生哪些变化？对人们有哪些影响？老师和小朋友是怎么做的？他们的自救方法对吗？为什么？地震来临时，有哪些正确的自救方法？”

2. **语言领域。**引导幼儿有节奏地学习戏剧结尾部分的“地震自救”儿歌，结合戏剧中的角色对话及日常生活经验，说出2～3种地震前后发生的变化和自救方法。

3. **科学领域。**引导幼儿观看“地震来临”“防震减灾”等主题公益宣传视频和科普视频，了解地震产生的自然现象、地震对人们的危害以及基本的自救方法（地震发生时，要听从教师或成人的指挥；在室内要躲避在能掩护身体的床下、桌子下或墙角、厕所、盥洗室等的三角空间，取好自救包，低蹲并用软物、书包等护头；在室外应选择开阔的安全地带蹲下或趴下，要远离高大建筑物、广告牌、加油站等危险地带）；利用幼儿园墙上设置的“地震预警器”，引导幼儿学习每日关注并记录地震预警情况。

4. **健康领域。**借助该戏剧，对幼儿进行防震安全教育。

火场逃生

场景：楼群的背景

角色：爷爷、妈妈、两个消防员、明明（男孩）、兰兰（女孩）

道具：房子、喷水器、火苗、两个电风扇、两个自制鞭炮、烟雾器、湿毛巾

〔幕启。兰兰边唱边跳出场。爷爷随兰兰出场。〕

兰兰：（转头）爷爷，我要到明明家去玩，一会儿您来接我哟！

爷爷：慢点儿，要注意安全。

〔爷爷退场。兰兰到隔壁家敲门，明明妈妈出来开门。〕

妈妈：兰兰，你来了！

兰兰：阿姨好！明明在家吗？

妈妈：明明，快出来，兰兰来了！

明明：兰兰来了，太好了，我们一起玩吧！

妈妈：明明，妈妈要到超市去买点东西，你在家和兰兰一起玩，不要跑到外面去，要注意安全，知道吗？

明明、兰兰：知道了，妈妈（阿姨）再见！

〔妈妈退场。〕

明明：兰兰，我们出去玩吧！

兰兰：不行不行，阿姨说了，外面很危险，不能出去玩。明明，我们不能出去，在家可以玩什么呢？

明明：（做思考状）有了，春节我回老家的时候，哥哥送我两个鞭炮，我偷偷藏在抽屉里，我去拿出来玩。

兰兰：不行不行！在家放鞭炮很危险。

明明：没事的，我们从窗户往楼下扔。（拿起一个鞭炮往前扔，发出“噼啪噼啪”的响声。）

兰兰：哎呀，吓死我了，太危险了！

明明：（高兴地鼓掌，跳起来）哦，太好玩了，太好玩了！再放一个。

兰兰：不行呀，太危险了，还是不要放了，会着火的。

明明：没事的，别拉我，鞭炮已经点着了。

〔明明又往前扔了一个鞭炮。这时，窗帘开始冒烟、着火，火势慢慢蔓延。〕

兰兰：不好了，冒烟了，窗帘着火了，这可怎么办？

兰兰、明明：（着急地）怎么办，怎么办？

明明：我去救火！

兰兰：不行不行，小孩子不能去救火。

兰兰、明明：（急得哭了）怎么办，怎么办？救命呀！救命呀！

〔烟雾越来越浓，爷爷快步出场。〕

爷爷：咦，哪来的烟？（左右寻找）不好，着火了！孩子们，你们没事吧？不要怕，快走！

〔爷爷急忙将湿毛巾递给明明和兰兰。〕

爷爷：快用湿毛巾捂住嘴巴和鼻子，弯腰沿着墙撤离。记住，不能坐电梯，赶快跑到户外去，记住了吗？我去拨打119电话，快跑！

明明、兰兰：（急得哭出来）爷爷，那您怎么办？

爷爷：快跑！

〔明明和兰兰弯腰前进着。急促的脚步声和紧张的音乐响起，妈妈着急地出场。〕

妈妈：孩子们，不用怕！走，妈妈带你们到安全的地方去。

明明、兰兰：爷爷还在里面，快去救爷爷！

〔妈妈把明明和兰兰带到安全的地方，消防车的警笛声响起，迎面走来两个消防员。〕

明明、兰兰：消防员叔叔，请快去救爷爷！

〔消防员用喷水器灭火，勇敢地进入房子救出爷爷。〕

消防员：孩子，鞭炮是不能随便玩的，太危险了！

妈妈：是呀，孩子，太危险了，烟花爆竹是不能玩的。

明明：我知道错了，我以后再也不玩鞭炮和其他危险的物品了。

消防员：（转向台下问）小朋友，你们知道哪些是容易引起火灾的危险物品吗？

旁白：烟花爆竹、煤气灶、打火机等。

妈妈：对，你们记住了吗？

明明、兰兰：记住了。

众人：（按节奏念白）小朋友们请注意，别拿鞭炮玩游戏，小心火灾随时起。火场逃生要牢记，保持冷静心不慌，逃生方向看仔细。遇到火灾发生时，看到浓烟不着急，先拿湿巾捂口鼻。快快弯腰向前走，记住别回火场里，生命安全为第一。

〔剧终。〕

【活动建议】

火灾是最经常发生、最普遍的灾害之一。该木偶剧生动地呈现了因幼儿贪玩造成火灾的场景，也巧妙地融入了火场安全逃生的基本常识，提升了幼儿对火灾的防范意识。鉴于该木偶戏剧所蕴含的教育价值，编写者提出以下几点建议。

1. **欣赏与思考。**引导语："该木偶剧里有谁？妈妈外出时，告诉明明和兰兰要注意什么？为什么会发生火灾？明明玩鞭炮，对吗？为什么？当发生火灾时，他们分别怎么做？有哪些方法可以从火场里安全逃生？"

2. **语言领域。**引导小班幼儿理解和学习使用"扔""藏""捂"等动词，学会正确发音；引导中班幼儿模拟角色对话，学习用不同的语速变化表达愉快、紧张等不同情绪；引导大班幼儿学习有节奏地朗诵剧目结尾部分的儿歌。

3. **科学领域。**组织中班、大班幼儿开展"空气助燃""纸怕火烧”“蜡烛灭了”等科学小游戏，简单了解火燃烧和熄灭的条件。引导幼儿思考：“为什么会起火？燃烧需要哪些条件？哪些物品容易引起火灾？火有什么用处和危害？有哪些东西或哪些方法可以灭火？”

4. **健康领域。**组织幼儿开展“火场逃生”体育游戏，模拟创设火场逃生的场景和路线，以游戏情节引导幼儿掌握下蹲、匍匐等自救动作。开展火场逃生演练，熟悉火灾预警信号、逃生路线、逃生自救方法。引导幼儿思考当发生火灾时有哪些正确的逃生自救方法，让幼儿知道当发生火灾时要冷静，有序疏散撤离。引导幼儿学习以下逃生自救方法。

（1）求救法：拨打119，在高处可挥舞红色物品呼救，夜间可用手电筒等发光物品的光亮传递求救信号等。

（2）捂鼻护嘴法：将毛巾、手帕等折叠（4～6层厚）浸湿并捂住口鼻。

（3）遮盖护身法：浸湿大衣、棉被、窗帘等遮盖在身上。

（4）封隔法：若走廊、门口火势较大，无法疏散，则赶紧退回房间内，将门缝用湿的毛巾、棉被、褥子堵住，防止外部火焰、烟气侵入。

（5）卫生间避难法：进入卫生间，把水泼在门上、地上进行降温，从门缝处向外喷射水，达到降温或控制火势蔓延的目的。

5. **社会领域。**提问幼儿：“当明明和兰兰遇到火灾时，谁来帮忙？为什么他们都很勇敢？”引导幼儿感受家人对小朋友的爱和消防队员的勇敢。

6. **艺术领域。**引导幼儿结合生活经验，创编不同场景下的火场逃生自救情节并用木偶表演。

7. **家园共育。**鼓励家长与幼儿一起观看该木偶剧并讨论：“居家时要如何防火？找找家中有哪些东西是容易着火的，要如何使用和保管易燃品？万一家中着火了，怎么办？”引导家长与幼儿一起设计家庭防火安全小标志。

绿色植物好处多

第　一　幕

场景：光秃秃的山坡上有一座动物幼儿园

角色：小猫、小狗、小兔、小马老师

〔幕启。“丁零零……”，上课铃响，小动物们边摇头边出场。〕

众动物：唉！

小猫：四周都是光秃秃的山坡，真难看！

小狗：是呀，是呀，空气越来越差，连呼吸也困难了。

小兔：到处都是汽车的喇叭声，吵得我头昏脑涨。

小马老师：小朋友，别发愁，明天我们去森林旅游吧！

众动物：噢……去森林旅游喽！（退场）

第　二　幕

场景：森林（大树、鲜花）

角色：小猫、小狗、小兔、小马老师、榆树、鲜花、松树

道具：小树苗、种子

〔幕启。音乐响起，小动物们唱着歌出场。〕

小猫：哇，这里的环境真美啊！

小狗：（深深地吸了一口气）多清新的空气呀！

小兔：这里多安静呀！

众动物：小马老师，这里怎么会这么美呀？

小马老师：这可是秘密，待会儿森林里要开会，到时你们就知道喽！

旁白：开会了，开会了！

〔小动物们来到了森林大会场。〕

小狗：为什么森林里的空气这么清新呢？

榆树：哈哈哈，那是我的功劳。我是榆树，我的叶子能把空气中的灰尘粘住，使空气变得干干净净。

小狗：哦，原来是这样呀！

鲜花：还有我们呢，我们小花会产生芳香油，散发的香气能杀死空气中的有害细菌，使空气更洁净。

松树：孩子们，我是松树。包括我们松树在内的大部分绿色植物都能及时吸进二氧化碳，释放新鲜的氧气，让空气更清新，让森林里总是美丽又安静。

小马老师：原来是绿色植物的作用啊！

小狗：那我们在幼儿园周围种上花草树木，空气就变得清新了。

众动物：对！对！咱们回去种树栽花喽！

众植物：这是我们的种子和小树苗，送给你们，希望你们的幼儿园变得跟我们的森林一样美丽！

众动物：谢谢你们！再见！

〔众动物、众植物退场。〕

第　三　幕

场景：光秃秃的山坡上有一座动物幼儿园

角色：小猫、小兔、小狗、小马老师

道具：小树苗、种子、喷水壶、锄头

〔幕启。音乐响起，众动物拿着种子、小树苗出场，开始种树。〕

小猫：我要把花儿种在幼儿园门口，这样小朋友一进幼儿园就能看到漂亮的鲜花。

众动物：噢，我们的幼儿园变漂亮了！

众动物：（有节奏地念白）幼儿园是我家，我们爱护它。你种一棵树，我栽一盆花，人人有爱心，绿化美丽的家。人人有爱心，绿化美丽的家！

小马老师：我们把剩下的小树苗种到社区里面去吧，这样住在社区里的每个人都可以看到绿色植物，闻到新鲜的空气了。

众动物：好的，让我们一起爱护环境吧！

〔欢快的音乐响起，动物们快乐地跳起舞来。〕

〔剧终。〕

【活动建议】

爱护花草树木、保护环境，是每个公民应尽的责任。日益减少的森林，使自然生态失去平衡，影响着人们的生活。该木偶剧以小动物去森林旅游为主线，通过前后两种环境的对比，以及角色之间的对话，引导幼儿了解植物与自然环境的密切联系，懂得不同植物对净化环境有着不同的作用，从而激发幼儿自觉保护森林的意识。鉴于该木偶剧所蕴含的教育价值，编写者提出几点建议。

1. **欣赏与思考。**引导语："小动物们看到山坡光秃秃的，喜欢吗？为什么？小动物们到森林里旅游，发现森林里的空气怎么样？它们喜欢吗？为什么？小动物们遇到了哪些植物？不同的植物各有什么本领，对人们生活的环境各有什么好处？小动物们后来一起做了什么事？"

2. **语言领域。**引导幼儿学习剧目结尾部分的儿歌，并有节奏地朗诵；引导幼儿复述剧中榆树、松树等角色的对话，知道并能表达出不同植物对保护环境的作用。

3. **艺术领域。**组织幼儿收集纸筒、吸管、小纸盒、报纸等废旧材料，制作剧中角色的道具。鼓励小班幼儿尝试用单根杖偶进行木偶表演，中班、大班幼儿尝试用布袋偶、多根杖偶进行表演。还可以引导幼儿根据生活经验改编剧情，把认识的植物及其对环境的益处融入表演中。鼓励幼儿设计"保护环境""净化空气""爱护花草树木""保护森林人人有责"等宣传画。

小鲤鱼搬家

场景：小河、清清河水图、污水图

角色：男孩、女孩、环保局叔叔、小鲤鱼甲、小鲤鱼乙、鲤鱼妈妈、小鸟、大树、排水管甲、排水管乙

道具：易拉罐

〔幕启。音乐响起，鲤鱼一家游出来，小鸟在舞台上。〕

小鲤鱼甲：妈妈，妈妈，这条河里的水真干净！

小鲤鱼乙：对呀！对呀！这条河里的水真干净！

鲤鱼妈妈：好，我们就在这儿安家吧！

小鸟：小鲤鱼，你们好！欢迎你们到这儿来！

大树：欢迎你们的到来！

小鲤鱼：你们好！这儿的小河水真干净，我们住在这儿一定会感到很舒服的。

小鸟：那你们快安个家吧！

〔鲤鱼一家、大树、小鸟快乐地嬉戏。音乐停，排水管甲出场。〕

排水管甲：（有节奏地念）我是化工厂的排水管，污水全装进我的肚子里。（咳嗽）真难受，我得排掉它。

〔“咕咕”的声音响起，排水管甲在排水。〕

小鲤鱼甲：咦，这儿的水怎么变黑了？

小鲤鱼乙：对呀，对呀，这儿的水变黑了！

鲤鱼妈妈：唉，一定是哪家化工厂往河里排放污水。孩子们，别到那儿去玩了，你们喝了污水会不舒服的。

小鲤鱼甲：这里的水真臭！

小鲤鱼乙：气味难闻极了！

鲤鱼妈妈：我们快走吧！

〔鲤鱼一家游到另一边，排水管乙出场。〕

排水管乙：唉，我肚子快装不下了，还是到这儿来排掉它。

〔排水管继续往外排水，鲤鱼一家游来游去。〕

小鲤鱼甲：妈妈，妈妈，这儿的水也变黑了。

小鲤鱼乙：对呀，对呀，这儿的水越来越脏了。

鲤鱼妈妈：唉，一定是哪家化工厂又往河里排放污水了。再这样下去，这儿的水都要被污染了，我们就不能再住下去了。孩子们，我们赶紧走吧！

〔只听“扑通”一声，以及“哎哟”一声，一只小鲤鱼的脑袋被一个易拉罐砸到了。〕

排水管甲：（有节奏地念）污水天天装进我肚子，我得天天排掉它，哈哈哈哈！

小鲤鱼乙：妈妈，妈妈，污水又来了，我们快搬家吧！

鲤鱼妈妈：好吧，孩子们，我们去和好朋友告别吧！

小鲤鱼甲：大树爷爷、小鸟，我们要搬家了，河水变脏、变黑、变臭了，我们再住下去会被毒死的。

小鸟：我们真舍不得你们离开。

鲤鱼一家：再见！

小鸟：再见！

大树：再见！

〔鲤鱼一家游走了，小鸟和大树在哭。女孩和男孩蹦蹦跳跳地出场。〕

女孩：咦，你们怎么都哭了？

小鸟：（哽咽）小朋友，这里的排水管天天往河里排放污水，还有人乱扔垃圾，河水变得越来越脏，我们的好朋友小鲤鱼全家不得不搬家，到其他地方去了。

男孩：别着急，老师告诉我们，如果家园的环境被破坏了，可以请环保局的叔叔阿姨来帮忙。

小鸟：真的吗？

女孩：真的，你们等等，我去请环保局的叔叔阿姨来。（退场）

〔女孩和环保局叔叔出场。〕

环保局叔叔：排水管，是你向河里排放污水吗？

排水管乙：是我放的，又怎么样？！

环保局叔叔：你违反了《环境保护法》。

排水管乙：哦，是吗？

环保局叔叔：污水里有许多有毒的东西，小鲤鱼喝了这些污水会被毒死的。我必须对你进行处罚。

排水管乙：我接受处罚。可是河里不只是我排放污水，还有垃圾呀，河水还是会脏的。

环保局叔叔：这你放心，我们会来清理河里的垃圾的。对破坏环境的人，我们也会进行处理的。

男孩：我们幼儿园的小朋友都是环保小卫士，会设计净水器，可以净化水资源。这个易拉罐让我带回去做玩具吧。

环保局叔叔：排水管，你应该多向小朋友学习呀，懂得保护我们共同的家园，也就相当于在保护我们自己。

排水管：好，我以后再也不往河里排放污水了。

〔河水慢慢地变干净了，鲤鱼一家游回来了。〕

小鸟：你们看，小鲤鱼又游回来啦！

小鲤鱼们：大家好！这儿的水变干净了，我们又游回来了！

小鸟：是小朋友和环保局的叔叔帮助我们的。

鲤鱼妈妈：哦，是吗？谢谢你们了！

小鲤鱼们：谢谢！

男孩、女孩、环保局叔叔：不用谢，保护环境是我们每个人都

应该做的。

众角色：太好了，我们大家又可以在一起喽！

〔音乐响起，大家一起跳舞。〕

众角色：台下的小朋友，让我们一起行动起来，共同保护我们的家园吧！

〔剧终。〕

【活动建议】

水资源受污染的现象越来越严重，破坏了生态环境，影响了人们的日常生活。该木偶剧通过生动有趣的剧情，以拟人化的角色形象、贴近幼儿生活的故事，说明了保护水资源的重要性。幼儿通过欣赏木偶剧，将逐渐明白干净的河水对人们和动物的生活有着重要的意义。鉴于该木偶剧所蕴含的教育价值，编写者提出几点建议。

1. **欣赏与思考。**引导语："小鲤鱼生活在什么地方？它们喜欢这样的环境吗？为什么？小鲤鱼为什么要搬家？发生了什么事情？小鲤鱼需要什么样的生活环境？为什么？谁来帮助小鲤鱼？结果如何？我们要如何保护水资源？"

2. **艺术领域。**引导中班、大班幼儿欣赏戏剧后尝试表演，在表演时注意通过双手的配合，重点表现出小鲤鱼游来游去、排水管排水的动态形象。引导大班幼儿将戏剧中的动物角色改为虾、蟹、乌龟等水生动物，创编出动物在被污染的水中寻求生存的故事，或启发幼儿想出保护水资源的方法，改编戏剧的结尾部分，让幼儿懂得保护水资源的重要性。组织中班、大班幼儿在美工区利用废旧材料制作水生动物玩偶。

3. **科学领域。**引导幼儿逐步了解水资源变脏的过程以及保护水资源的方法等，通过观看保护水资源的宣传片，感受、了解清水的美丽和污水的处理方法。组织大班幼儿做“清水变污水”“污水变清水”的实验小游戏，激发幼儿的探索兴趣。引导幼儿通过调查了解保护水资源的重要性，并思考：“要如何保护水资源？有哪些治理水污染的方法？”

4. **社会领域。**结合“世界水日”“世界海洋日”等，开展保护水资源主题活动。引导中班、大班幼儿设计“二次用水循环图”“节约用水”“保护海洋”等宣传画或标志图，张贴于活动室或家中。引导幼儿在日常生活中自觉做到节约用水、不乱扔垃圾。

5. **社会实践活动。**引导幼儿对周边水资源的变化进行调查，了解人们对生活用水的需求及污水的来源等。利用每年的“世界水日”，拓展环保教育，让幼儿懂得不乱扔垃圾、不排放有毒污水，懂得二次用水，节约有限的水资源。

6. **家园共育。**设计“节约用水，人人有责——家庭教育指导建议书”分发给家长，倡议家长践行节约用水行为规范；指导家长与幼儿一起制订“家庭节约用水公约”，从身边的小事做起，节约每一滴水。

鼠教授的吸尘器

场景：蘑菇地（一片长着脏蘑菇、一片长着鲜蘑菇）、树房子、小池塘

角色：朵朵猫、咪咪兔、鼠教授、胖小猪、小狐狸

道具：吸尘器、篮子、水果帽（装有棍子）、树房子

〔幕启。音乐响起，朵朵猫、咪咪兔提着篮子出场。〕

朵朵猫：今天真是个好天气。咪咪兔，我们一起到草地上去采蘑菇吧！（惊叫）呀，你看！草地上的蘑菇怎么长得又黑又脏？

咪咪兔：（走近一看，又看向另一边）是啊，那里的也很脏，这可怎么办？妈妈的生日就要到了，没有蘑菇就做不了蛋糕啦！

〔鼠教授推着吸尘器出场。〕

鼠教授：孩子们，别着急，我有办法！

朵朵猫、咪咪兔：是鼠教授来了！鼠教授，您拿着吸尘器要做什么呀？

鼠教授：你们可别小瞧了这吸尘器，它可是我的新发明。（操作吸尘器）你看！一号空气清新键，二号超强吸力键，三号加速吸力键……

咪咪兔：真的吗？（惊讶）我可不信！

鼠教授：那就让我们一起来看看吧！（按动按钮）

〔机器发出声音：“吸尘器一号键启动，灰尘快快走……”说完机器就把蘑菇地里的脏蘑菇吸走，新鲜的蘑菇出现了。〕

咪咪兔：哇！太神奇了，蘑菇变干净了！这下我可以帮妈妈做蛋糕了，谢谢你，鼠教授！

鼠教授：别客气，快去摘蘑菇吧！

〔鼠教授推着吸尘器退场，朵朵猫、咪咪兔退场。舞台另一侧，胖小猪戴着水果帽出场。〕

胖小猪：水果帽戴头上，既漂亮又神奇。香蕉苹果样样有，肚子饿了不用愁。

〔“扑通”一声，水果帽掉进池塘里了。〕

胖小猪：（着急地）我的水果帽，我的水果帽，哇——（哭了起来）

〔鼠教授推着吸尘器出场。〕

鼠教授：（听见哭声）谁在哭啊？原来是胖小猪！发生什么事了？告诉鼠教授。

胖小猪：（指着池塘里的水果帽）鼠教授，快，快救救我的水果帽吧！

鼠教授：别着急，孩子，看我的！

〔鼠教授按动按钮，机器发出声音："吸尘器二号键启动，水果帽快快来。"说完水果帽被吸出来了。〕

胖小猪：哈哈，我的水果帽又回来了！谢谢你，鼠教授！

鼠教授：不用谢，快回家去吧！

〔鼠教授推着吸尘器退场。小狐狸出场，看到水果帽后盯着水果帽。〕

小狐狸：哇！水果帽真漂亮。有了这顶水果帽，我就不愁没有东西吃了。怎样把小猪的水果帽骗到手呢？（小声，左右摇晃做思考状）有了，瞧我的！小猪，小猪，你的水果帽真漂亮，能借我戴吗？

胖小猪：当然可以，给你。（递给狐狸）

小狐狸：（接过帽子，左瞧瞧右看看，吸口水）这些水果看起来真好吃呀！（刚想摘水果）

胖小猪：小狐狸，我要回家了，可以把水果帽还给我吗？

小狐狸：猪兄弟，我也有个特别好吃的水果想送给你，你跟我回家拿一下吧！

金教鞭

胖小猪：好呀！（说完一起走向旁边的树房子）

〔一靠近树房子，小狐狸就"哧溜"一下跳进树房子里。〕

小狐狸：哈哈，笨小猪，这下水果帽归我啦！

胖小猪：你这只狡猾的狐狸，快把水果帽还给我，快还给我！哇——（哭）

〔咪咪兔、朵朵猫出场。〕

咪咪兔、朵朵猫：胖小猪，你怎么啦？

胖小猪：（哽咽）狐……狐……狐狸把我的水果帽骗走了。

咪咪兔：（对着树房子喊）小狐狸，你快把胖小猪的水果帽还给他。

小狐狸：我偏不，水果帽现在是我的了！

朵朵猫：小猪别着急，我们找鼠教授想想办法。（向舞台另一侧喊）鼠教授，你快帮帮我们吧！

〔鼠教授推着吸尘器出场。〕

鼠教授：孩子们，发生什么事情啦？

胖小猪：鼠教授，小狐狸把我的水果帽骗走了，不还给我。你能用你的吸尘器把它吸出来吗？

鼠教授：别担心，看我的！（转向小狐狸）小狐狸，你快出来，我给你带了一顶特大的水果帽，有了它，你天天都有水果吃。

小狐狸：（拿着水果帽出来）在哪？在哪？快给我！

〔鼠教授按动按钮，机器发出声音："吸尘器三号键启动，把水果帽吸出来。"〕

小狐狸：（左看看右看看）我的水果帽呢？我的水果帽呢？

鼠教授：小狐狸，你看，就在这里面呢！

小狐狸：（往前伸头一看，也被吸进去）啊——快放我出来，快放我出来！

众动物：哈哈，狐狸狐狸，你这个坏东西，好吃懒做，这样你就不能做坏事了。

鼠教授：（把水果帽给胖小猪）胖小猪，这是你的水果帽。

胖小猪：谢谢你，鼠教授！你的吸尘器真神奇呀！

鼠教授：孩子们，这个吸尘器只有遇到勤劳、善良的人才会变得神奇。你们记住了吗？

〔音乐响起，众动物边唱歌边退场。〕

〔剧终。〕

故事来源：网络童话故事《老鼠教授的吸尘器》。

【活动建议】

每个孩子的心中都藏有许多奇思妙想，期待每件玩具、用品都具有神奇的本领。该木偶剧正是基于幼儿的好奇心，赋予常见的生活用品吸尘器神奇的功能，既能吸脏东西，又能帮助他人。随着木偶剧情节的推进，幼儿初步懂得要做一个勤劳、善良和有智慧的人。鉴于该木偶剧所蕴含的教育价值，编写者提出几点建议。

1. **欣赏与思考。**引导语：“该木偶剧中有谁？它们遇到了什么问题？鼠教授发明了什么神器？这个吸尘器有什么神奇的功能？小狐狸干了什么坏事？大家是如何对付小狐狸的？鼠教授的吸尘器只会帮助什么样的人？”

2. **科学领域。**欣赏木偶剧前，先利用生活中的吸尘器，引导大班幼儿观察和思考吸尘器有什么作用，记录吸尘器的结构和操作方法，并与同伴分享交流探索的结果。

3. **语言领域。**引导幼儿学会区别胖小猪、小狐狸、鼠教授和吸尘器不同的音色和语调，并尝试模仿表达，激发幼儿学习不同角色语言表达的兴趣。

4. **艺术领域。**在美工区创设“道具屋”，提供纸箱、水管、电池、电线等材料，引导幼儿尝试制作“神奇的吸尘器”，鼓励幼儿想象并制作有不同神奇功能的“吸尘器”，将其运用到戏剧表演中。

5. **家园共育。**建议家长指导幼儿设计并参与“我是家庭小主人”活动，或制订“家庭清洁公约”，鼓励幼儿主动参与到家庭清洁的劳动中，体验劳动的乐趣，培养幼儿的任务意识。

毛毛虫变形记

场景：草丛（草丛后的布有缝）、菜地、苹果树

角色：两只毛毛虫（一大一小）、小鸟、四只七星瓢虫、三只蜜蜂、彩虹锹甲、蝴蝶

道具：苹果树（树上有几个苹果，其中一个比较大，毛毛虫可以探出头），蚕茧（一半的形状，外面缠绕着白线），虫卵，菜叶，小树枝，小桶，水雾喷洒器，云朵，雨

〔幕启。轻快的音乐响起，小鸟"叽叽喳喳"地飞来，在菜地上空盘旋。〕

旁白：春天到了，万物复苏，地里长出了绿油油的菜苗，一片生机勃勃。小昆虫们在菜地里各自忙碌，迎接春天的到来。菜地里有一颗虫卵，它在温润的泥土里睡得可香了！咦，虫卵在动，看来小宝宝要出生了！

〔一只小毛毛虫慢慢地从虫卵里探出脑袋，爬了出来。〕

小毛毛虫：咦？这是哪儿呢？

〔小毛毛虫继续爬行。七星瓢虫飞了过来，落在菜地上，朝向小毛毛虫。〕

七星瓢虫：嗨，你好啊，奇怪的小家伙！

小毛毛虫：你好！你们是谁呀？这是哪儿啊？

七星瓢虫：我们是七星瓢虫。这是菜地，你长得一身毛茸茸的，真奇怪！

小毛毛虫：（看了看七星瓢虫，又看看自己）你们长得可真漂亮！你们能带我一起走吗？

七星瓢虫：小家伙，我们要去捉蚜虫了，可没空陪你，再见！

小毛毛虫：再见，再见！

〔轻快的音乐响起，小毛毛虫继续往前爬行。〕

旁白：小毛毛虫听了七星瓢虫的话心里难过，因为瓢虫说它长得很奇怪，它也觉得自己有些难看，于是它继续孤独地前行着。

〔蜜蜂边唱边飞出来。〕

蜜蜂：（合唱）嗡嗡嗡，嗡嗡嗡，大家一起勤做工。来匆匆，去匆匆，做工趣味浓。

小毛毛虫：早上好，漂亮姐姐们！你们是谁呀？

蜜蜂：你好！我们是蜜蜂。小家伙，你长得可真奇怪，一身绿衣裳。

小毛毛虫：（低头看看自己，又看看蜜蜂）你们长得可真漂亮，能和我一起玩吗？

蜜蜂：这可不行，我们要去采蜜，忙着呢！再见！

小毛毛虫：再见，再见！（拉长音，沮丧地说）大家都不理我。

〔欢快的音乐响起，小毛毛虫爬到菜叶上大口大口地吃着青菜。〕

旁白：小毛毛虫大口大口地吃着青菜叶子，填饱肚子的它，渐渐地忘记了那些不愉快，调皮地在菜叶上锻炼身体。

大毛毛虫：嗯，真好吃，真好吃！（小毛毛虫退场，大毛毛虫出场，完成转换）

〔低沉有力的音乐响起，彩虹锹甲推着小木块出场。〕

大毛毛虫：你好，大叔！你是谁呀？（大毛毛虫从菜叶上倒挂下来）

彩虹锹甲：（吓了一跳，倒退了一步，抬起头）哎哟喂，吓死我了！你这奇怪的小家伙，干吗倒挂着脑袋呀！

大毛毛虫：大叔，你力气可真大呀！

彩虹锹甲：当然了，我们锹甲的上颚长角可是最厉害的工具了。

大毛毛虫：那你能带我走吗？大家都嫌我长得奇怪，不和我玩。

彩虹锹甲：对不起，我很忙！小家伙，别灰心，你一定也会变漂亮的。再见！（退场）

大毛毛虫：再见，锹甲大叔！

〔轻快的音乐响起，毛毛虫继续爬行，爬到了苹果树上。〕

旁白：听了彩虹锹甲的话，毛毛虫顿时充满了快乐与力量。它相信自己一定也能长成美丽的虫，去自己想去的地方。

大毛毛虫：（边爬边有节奏地念）我是一只毛毛虫，绿绿身体毛茸茸，爱吃青菜和苹果，咿唷咿唷爬到头。

〔欢快的音乐起，大毛毛虫吃着苹果，探出小脑袋，在苹果上爬来爬去。〕

大毛毛虫：啊，苹果可真好吃呀！吃得饱饱的，我得去睡个觉了。啊！（打哈欠）

〔伴随着轻柔的音乐，大毛毛虫爬到树枝上吐丝结茧，并变成了蛹。下雨了，茧摇来晃去。音乐逐渐激烈，蛹羽化成蝴蝶，破茧而出。〕

旁白：小朋友，你们看，绿绿的毛毛虫经过千辛万苦，终于破茧而出，变成了一只五彩斑斓的美丽蝴蝶。蝴蝶努力地扇动着轻盈的翅膀，飞向那梦想的天空！

〔伴随着优美的音乐，大毛毛虫变成的美丽的蝴蝶，快乐地飞舞着。〕

〔剧终。〕

【活动建议】

在日常生活中，幼儿看到蠕动的毛毛虫总会既害怕又好奇。该木偶剧借助生动形象的自制木偶，在优美的音乐伴随下，展现毛毛虫化蝶的过程，化解了幼儿对毛毛虫的害怕心理，使其置身于虫变蝶、蝶飞舞的美妙场景。充满梦想与力量的木偶剧表演，不仅带给幼儿美的熏陶和愉悦的心灵体验，而且使幼儿懂得在成长的道路上要心怀梦想，勇往直前。鉴于该木偶剧所蕴含的教育价值，编写者提出几点建议。

1. **欣赏与思考。**引导语："菜地里的虫卵变成了什么？刚出生的小毛毛虫长什么样子？你喜欢它吗？为什么？小毛毛虫成长的过程中，遇到了谁？它羡慕七星瓢虫、蜜蜂、彩虹锹甲吗？小毛毛虫长大后有什么神奇的变化？你喜欢长大后的毛毛虫吗？为什么？彩虹锹甲是如何鼓励小毛毛虫的？"

2. **科学领域。**借助该木偶戏剧、图片和视频，让幼儿观察探究毛毛虫的生长变化，知道"虫卵—毛毛虫—蛹—蝴蝶"的主要变化过程。

3. **语言领域。**组织幼儿阅读绘本《好饿的毛毛虫》《会飞的毛毛虫》《毛毛虫历险记》等，通过直观的绘本图画，让幼儿走进毛毛虫的世界，了解毛毛虫有趣的故事。

4. **艺术领域。**引导幼儿尝试绘画不同形态的毛毛虫，或利用沐浴球、毛绒小球等材料，创作"毛毛虫"；引导幼儿自制蝴蝶、蜜蜂、七星瓢虫、彩虹锹甲等角色的杖偶或玩偶，并进行木偶表演；引导幼儿利用传统剪纸艺术的表现手法，创作"美丽的蝴蝶"，感受蝴蝶的对称美和千变万化的花纹、色彩等。

5. **社会实践活动。**组织家庭假日小组活动，到户外寻找和观察毛毛虫和蝴蝶的外形特征。有条件的幼儿园可以制作蝴蝶标本，并投放到观察区，供幼儿一起观察探究。

6. **家园共育。**向家长推荐该木偶剧，供亲子共同欣赏，并提出家庭教育指导建议。建议家长可和幼儿边欣赏边讨论：“毛毛虫后来为什么变得很快乐呢?”引导家长带幼儿一起收集废旧材料，制作毛毛虫和蝴蝶木偶。

小猪变形记

场景：森林（大树、草丛、泥塘）

角色：小猪噜噜、长颈鹿、斑马、鹦鹉、熊猫、小粉猪

道具：高跷，羽毛装饰成的翅膀，斑马纹的衣服

〔幕启。小猪噜噜出场。〕

小猪噜噜：啦啦啦，啦啦啦，我是小猪噜噜，长得聪明又可爱。可是，当一只猪真没意思，还是出去找点好玩的吧。啦啦啦，啦啦啦，啦啦啦！

〔音乐起，小猪一扭一扭地在场上玩，长颈鹿出场。〕

长颈鹿：（有节奏地念白）我是一只长颈鹿，脖子长长像云梯，一伸伸到白云里，看见敌人跑第一。

小猪噜噜：长颈鹿，你好！

长颈鹿：你好，小猪噜噜！

小猪噜噜：哇！好长的脖子呀！做一只长颈鹿一定很好玩。

长颈鹿：是的，长长的脖子可以让我看得更远。

小猪噜噜：长颈鹿，要是我也能像你一样高那该多好呀！

长颈鹿：其实，当只小猪也是很快乐的事啊！

小猪噜噜：不不不，我要当长颈鹿，我有办法了！

〔小猪噜噜跑着退场。〕

长颈鹿：哎，小猪，你去哪呀？等等我！

〔长颈鹿跑着退场。有趣的音乐响起，小猪噜噜踩着高跷出场。斑马出场。〕

斑马：我是一匹小斑马，黑白衣服我最帅。

小猪噜噜：斑马，你好呀！

斑马：小猪噜噜，你好！

小猪噜噜：嘿嘿嘿嘿，我是一只了不起的长颈鹿，我长得高吧？我可以看到很远的地方，哈哈哈……

斑马：你是一只踩着高跷、摇摇晃晃的小猪。

小猪噜噜：哼，不理你了，我是长颈鹿，我就是长颈鹿！（踩着高跷走两步，身体左右摇晃）

斑马：小猪，你可要小心，再见！

〔没走多远，小猪就摔了个大跟头。〕

小猪噜噜：哎哟喂，痛死我了！哎哟，哎哟，痛死我了！看来长颈鹿的生活不适合我。哎哟，哎哟，痛死我了。我又想到一个好主意了！我怎么这么聪明呀！（说完迅速退场）

〔鹦鹉出场。小猪噜噜给自己套上了一件奇妙的新外套，出场。〕

鹦鹉：我是一只小小鹦鹉，飞来飞去我最美。你好，小猪噜噜！

小猪噜噜：我是一匹了不起的斑马，你看，我身上有漂亮的斑马纹。

鹦鹉：咦？你不是斑马，你是一只身上画着斑马纹的小猪。

〔鹦鹉追着小猪噜噜，小猪跑得气喘吁吁。〕

小猪噜噜：哼，我才不理你呢！

鹦鹉：小猪，你别生气，当只小猪其实也不错啊，我们回头见！

小猪噜噜：讨厌！当斑马真不好玩，我想当鹦鹉一定很有趣。对，我要当一只会飞的鹦鹉。

〔小猪噜噜从舞台左侧退场。熊猫从舞台右侧出场。小猪噜噜套上一对翅膀再从舞台左侧出场。〕

熊猫：我是一只大熊猫，白白胖胖我最帅。

小猪噜噜：你好啊！

熊猫：你好，小猪噜噜！

小猪噜噜：我是一只了不起的鹦鹉，我可以飞到高高的大树上，飞呀，飞呀。

熊猫：你不是鹦鹉，你是一只披着羽毛的小猪。

小猪噜噜：你说什么，我不会飞？哼，我才不跟你说呢！

熊猫：小猪，你别生气，其实我们都很喜欢原来的你。

〔小猪噜噜扑扑翅膀打算飞起来，不料摔倒了。〕

小猪噜噜：讨厌！当鹦鹉也不好玩。唉！真倒霉，事情全都搞砸了，当小猪真的一点乐趣都没有。

〔好听的歌声响起。〕

小猪噜噜：这是谁的声音呀！是谁在高兴地唱歌呢？

〔音乐响起，小粉猪出场。〕

小粉猪：（边跳边唱）哎呀，真好玩，真好玩，谁说当猪没乐趣？我就是一只猪，在泥塘里面打滚真的很好玩哟！噜噜，快来，快来和我一起玩吧！

〔小猪噜噜也在泥塘里打滚。〕

小猪噜噜：太棒了，原来做自己，当一只可爱的小猪是最开心的事情。伙伴们，快来呀！快来和我一起玩吧！

〔斑马、长颈鹿、熊猫、鹦鹉齐出场，跟随欢快的音乐唱歌跳舞。〕

〔剧终。〕

故事来源：《小猪变形记》（〔英〕本·科特/文、图，金波/审译），外语教学与研究出版社 2019 年版。

【活动建议】

该木偶剧通过形象、夸张的自制木偶，生动地讲述小猪噜噜因不自信，欲模仿其他动物而发生的滑稽有趣、荒诞搞笑的故事。轻松幽默又充满想象力的剧情，让幼儿懂得要做真实的自己，才能找到真正属于自己的快乐。鉴于该木偶剧所蕴含的教育价值，编写者提出几点建议。

1. **欣赏与思考。**引导语："小猪噜噜为什么觉得自己当一只猪没乐趣？它用什么办法模仿了哪些动物？模仿长颈鹿、斑马等动物后，它开心吗？为什么？最后，小猪噜噜是怎样变快乐的？"

2. **语言领域。**引导幼儿阅读绘本《小猪变形记》，懂得观察画面的变化，说出小猪模仿其他动物的有趣情节。引导幼儿分段欣赏该木偶剧，从木偶的动态表演中感受小猪噜噜从羡慕他人到模仿他人失败，最后受小粉猪的启发，找到真正属于自己的快乐。

3. **艺术领域。**引导幼儿利用废旧材料制作翅膀、斑马服等道具，并进行表演。

4. **科学领域。**引导幼儿观察认识木偶剧中不同动物的外形特点和生活习性，知道每种动物都有自己独特的本领。

5. **社会领域。**借助该木偶剧引导幼儿懂得不要一味地模仿他人，要学会发现自己和他人的优点，要有自信，乐意做自己擅长的事。

窗外的垃圾

场景：森林（一幢四层高的自制小木屋、一片草丛）

角色：小兔、小猴、小猫、小狗、香蕉皮、鱼骨头、肉骨头

道具：苍蝇、扫帚、绿色垃圾桶

〔全场暗，音乐响起。〕

〔小兔打开第四层窗户。〕

小兔：哇，今天的天气真好，空气好新鲜呀！

〔太阳公公对着小兔点点头。小兔离开窗户回房间，小猴打开第三层窗户。〕

小猴：（有节奏地念白）红红的太阳升起来，早早吃过甜香蕉。哈哈哈，小猴我，真呀真开心！

〔小猴随手将香蕉皮往窗外扔，然后离开窗户。〕

香蕉皮：小猴小猴要环保，不要随意把我扔！（往上看）

〔香蕉皮落在地上，太阳公公摇摇头。小猫打开第二层窗户。〕

小猫：（有节奏地念白）喵喵喵，美味的小鱼填饱肚！

〔小猫随手将鱼骨头朝窗外扔，然后离开窗户。〕

鱼骨头：小猫小猫要环保，不要随意把我扔！（往上看）

〔鱼骨头落在地上，太阳公公摇摇头。小狗打开第一层窗户，

金教鞭

咬着肉骨头。〕

小狗：汪汪汪，肉骨头，香又香，吃饱饱，晒太阳。嗯，真舒服！

〔小狗随手将肉骨头朝窗外扔，然后离开窗户。〕

肉骨头：小狗小狗要环保，不要随意把我扔！（往上看）

〔楼下的香蕉皮、鱼骨头、肉骨头堆成了一堆垃圾。〕

香蕉皮、鱼骨头、肉骨头：哎呀，太阳晒得我们直发臭。

〔香蕉皮、鱼骨头、肉骨头稍微动一下，就又倒下，叠在一块。“嗡嗡嗡”的声音响起，越来越多的苍蝇出现。小猴、小猫、小狗从窗户探出脑袋。〕

小狗、小猫、小猴：嗯，好臭呀！难闻死啦！

〔“砰！”大家赶紧关上窗户。小兔探出头。〕

小兔：啊，原来窗外有一堆垃圾呀，怪不得这么臭。我去把它打扫掉。

〔小兔拿着扫帚出来扫垃圾。小猴、小猫、小狗打开窗户，探出头。〕

小猴、小猫、小狗：啊，原来是我们扔的垃圾呀。实在不好意思，小兔，我们一起打扫。

〔小猴、小猫、小狗走出来，各自捡起自己的垃圾，要扔到楼边的绿色垃圾桶。〕

小兔：小伙伴们，（有节奏地念白）垃圾千万别乱放，认好颜色识标志。可回收垃圾找蓝桶，厨余垃圾进绿桶，有害垃圾认红桶，其他垃圾进黄桶，分类投放保安全，保安全！

小猴、小猫、小狗：哦，对对对！

〔小猴、小猫、小狗转身，各自把香蕉皮、鱼骨头、肉骨头放进绿色的厨余垃圾桶，小兔也把扫到的纸张和饮料瓶放进蓝色垃圾桶里。〕

香蕉皮、鱼骨头、肉骨头：啊，终于可以进垃圾桶了，不怕被太阳晒、不怕身体发臭喽！谢谢你们！

〔垃圾躲进垃圾桶里。〕

太阳公公：哈哈哈，小朋友们，你们说垃圾哪里去了呀？小动物们做对了吗？

小猴、小猫、小狗：谢谢你，小兔！以后我们再也不乱扔垃圾了，还要自觉做好垃圾分类，让我们的环境更整洁、空气更新鲜！

〔音乐响起，众动物一起跳舞。〕

〔剧终。〕

金教鞭

故事来源：故事《窗外的垃圾》（苏焱华/著），《红蜻蜓》2004年第22期。

【活动建议】

生活中随处可见垃圾，为了保护好我们的生活环境，正确处理垃圾人人有责。该木偶剧通过动物与动物、动物与垃圾之间产生的矛盾，推动故事情节的发展，让幼儿知道乱扔垃圾，会破坏环境、污染空气，懂得要正确地进行垃圾分类，用实际行动保护环境。鉴于该木偶剧所蕴含的教育价值，编写者提出几点建议。

1. **欣赏与思考。**引导语："垃圾哪里去了？结果如何？你喜欢哪一只小动物，为什么？垃圾应该被扔在什么地方？要如何正确分类？"

2. **语言领域。**可先组织中班幼儿开展看图讲述故事《窗外的垃圾》，引导幼儿学会认真观察画面的变化，猜想动物的心理活动和行为，并讲述图片的主要内容。引导小班幼儿学习戏剧中重复的角色语言，引导中班幼儿复述小兔关于垃圾分类的角色语言。

3. **科学领域。**设计"垃圾分类大转盘""垃圾找家"等小游戏，让幼儿在游戏中了解垃圾的名称、分类方法等，知道垃圾分为可回收垃圾、厨余垃圾、有害垃圾和其他垃圾四类，认识垃圾分类箱的颜色和标志，了解垃圾分类的意义和做法。

4. **艺术领域。**利用收集的可回收垃圾，引导幼儿制作小动物木偶和简单的道具，尝试表演该木偶剧；为幼儿提供现成的木偶角色，引导其模仿戏剧中的简单角色对话；引导幼儿利用布袋偶学习"探""扫""拿"等表演技能，自制木偶并创编剧目情节，表现不同的垃圾分类方法，设计垃圾分类标志图并张贴在幼儿园内或家中。

我是最厉害的大野狼

场景：大森林（多种多样的树、多种颜色的小野花）

角色：大野狼、小兔、小红帽、七个小矮人、三只小猪、小火龙、火龙妈妈

道具：微型舞台（用积木、无纺布制作）、喷火器（用纸筒和卡纸制作）

〔幕启。音乐响起，大野狼出场。〕

大野狼：今天吃得好饱啊，我要到森林里去散散步，这样有助于消化，顺便调查调查。

旁白：小朋友们，大野狼要到森林里去做什么调查呢？赶紧跟着他去看一看吧！

〔音乐响起，大野狼边散步边自言自语，小兔出场。〕

小兔：（害怕地）哎呀！是大野狼！怎么办，怎么办呢？

大野狼：（阴险地）小兔子，你好呀！你的耳朵真漂亮！

小兔：（哆嗦地）狼……狼先生，您好啊！

大野狼：（骄傲地）快点告诉我，森林里最厉害的是谁？

小兔：（假装地）最厉害的？当然是您，尊敬的狼先生！

大野狼：（疑惑地）是吗？你这小家伙没骗我吧？

小兔：当然了！这是公认的、毫无疑问的，绝对肯定的！（退场）

大野狼：（开心地）哈哈哈，说得太好了，这感觉棒极了！

〔音乐响起，大野狼继续向前走，小红帽出场。〕

大野狼：嘿嘿嘿嘿，你知不知道穿这个颜色的衣服会被抢劫的呀？

小红帽：呀！原来是狼先生，您好啊！

大野狼：（阴险地）呵呵，真像个小樱桃，我一口就能把你吃

了……

小红帽：别，别，别吃我！

大野狼：那你快点告诉我，森林里最厉害的是谁？

小红帽：是您，是您，绝对是您，伟大的狼先生！我不会说谎话，您是最厉害的！（退场）

大野狼：（得意地）哈哈哈，我喜欢他们的想法，最厉害的当然是我呀！我最喜欢他们对我这样说，我喜欢听赞美的话，听一百遍我都不会烦！

〔音乐响起，大野狼吹着口哨继续向前走，七个小矮人出场。〕

大野狼：哎哟！一群又矮又胖的小家伙，你们是谁？

七个小矮人：（齐声）我们是小矮人。

大野狼：你们知道森林里最厉害的是谁吗？

七个小矮人：（齐声）最厉害的当然是您啊，尊敬的狼先生！（退场）

大野狼：（哈哈大笑）我是森林里的老大，我是最厉害的大野狼！

〔音乐响起，三只小猪出场。〕

大野狼：哟，瞧瞧，瞧瞧！这不是三只小猪吗？

三只小猪：（齐声）是啊，狼先生，我们是小猪！

大野狼：我的天哪，你们怎么离家这么远？太不小心啦！

三只小猪：（齐声）我们到森林里来玩。

大野狼：小胖猪们，快点告诉我，谁是森林里最厉害的？

三只小猪：（齐声，肯定地）最厉害的、最强壮的、最帅的当然是您啊，伟大的狼先生！（退场）

大野狼：（骄傲地）我是伟大的狼！我——是——国——王——

〔音乐响起。小火龙出场。大野狼发现了这个看起来像蛤蟆的小东西。〕

大野狼：（得意地）你好呀，丑东西！我猜你肯定知道森林里谁最厉害吧。

小火龙：（开心地）当然知道啦！我妈妈最厉害了！

大野狼：（怒吼道）什么?！就当我刚才听错了，你再回答一遍，谁——是——最——厉害——的？

小火龙：（肯定地）我说过一遍了，我妈妈最厉害！妈妈平时很温柔，但要是谁对我不好，我妈妈就给他颜色看。

〔小火龙说完话，音乐响起，出现火龙妈妈喷火一幕。〕

小火龙：（疑惑地）你是谁呀？

大野狼：（小心翼翼地）我？我……我……我就是这森林里最最温柔的狼呀！

旁白：小朋友们，到底谁才是森林里最厉害的？

〔剧终。〕

故事来源：《我是最厉害的大野狼》（〔比〕马里奥·哈默斯/著，文小山/译），北京科学技术出版社 2021 年版。

【活动建议】

该木偶剧用自制桌面偶演绎了一只十分虚荣又傻气的大野狼，装腔作势、狂妄自大，想以询问的方式来证明自己是最厉害的，可结局却颠覆了想象。该木偶剧情节富有幽默感，让幼儿懂得要不畏强者、不欺弱者。鉴于该木偶剧所蕴含的教育价值，编写者提出几点建议。

1. **欣赏与思考。**引导语："大野狼要去做什么调查？遇到了谁？他们说谁是森林里最厉害的？为什么会这么说？大野狼是森林里最厉害的动物吗？为什么？为什么小火龙说自己的妈妈是最厉害的？结果大野狼为什么不敢说自己是最厉害的了？"

2. **语言领域。**引导幼儿阅读绘本《我是最厉害的大野狼》，观察画面，说出主要的角色名称，学习用疑问句对答；引导幼儿感受剧情的诙谐有趣，并讨论："这是一只什么样的大野狼，你觉得它是最厉害的吗？为什么？”

3. **艺术领域。**引导幼儿利用废旧材料和半成品，学习定位粘贴，制作剧中主要角色的桌面偶；引导幼儿尝试用自制的桌面偶进行表演，利用手指、手腕等控制桌面偶的动作。

4. **社会领域。**借助该木偶剧，让幼儿懂得不要欺负比自己弱小的人，也不要害怕比自己强大的人。

快乐晚会

场景：森林里的草地上，旁边有个池塘，池塘里有荷叶；在舞台前后各有人偶穿插表演的空间

角色：大象、松鼠、小鸟、小鸭、小兔、四对亲子人偶

道具：亲子人偶装（用废旧双人雨衣改制而成）、会发光的电子彩链、写着“快乐晚会”的彩色布条、荷叶帽、树叶衣、晚会通知牌等

〔幕启。音乐响起，小鸟出场。〕

小鸟：哇，森林里真热闹！小动物们齐听好，定于月亮很圆很圆的晚上，举办快乐晚会，欢迎大家参加。

〔欢快的音乐响起，亲子人偶一边表演一边出场，小鸟退场。〕

〔音乐停，大象出场。亲子人偶退场。〕

大象：快乐晚会是什么呢？唱歌、跳舞是小动物们的事，我又没有漂亮的衣服穿。小朋友们，你们说，我能做什么呢？

旁白：大象，那你就帮忙布置会场吧。

大象：说得有道理，那就开始动手吧。

〔大象随着音乐架起布条，两对亲子人偶出场协助。〕

大象：终于布置好了，小动物们一定很开心！我也累坏了，睡一觉吧。呼噜——呼噜——

〔大象退到一旁睡觉，松鼠、小鸭、小兔、小鸟出场。〕

小兔：大象睡着了，该怎么办呀？得让他醒过来，不然就不能参加晚会了。

松鼠：可是大象还没换衣服呢！

小鸭：对啊，瞧他的衣服多脏啊，得赶紧帮他准备一套新衣服，可是到哪找大象能穿的衣服呢？

松鼠：别着急，我们会有办法的！瞧，我可以用尾巴扫一扫大象身上的泥土。

〔松鼠边说边扫大象身上的泥土。〕

小鸭：嘎嘎——有了，池塘里有荷叶，我来为大象做个荷叶帽吧！

〔小鸭游进池塘摘荷叶，然后轻轻地戴在大象的头上。〕

小兔：哈哈，多合适的帽子呀！可是衣服怎么办呢？

小鸟：我有办法，可以给大象做一件树叶衣。

〔小鸟转身飞进森林，拿出树叶衣穿在大象身上。〕

小兔：哇，大象变得真美呀！可是他还没有醒来，怎么办？

松鼠：我们一起叫醒他吧！

众动物：大象，大象，快醒来，晚会就要开始了。

大象：（伸伸懒腰）伙伴们，你们都来了，晚会要开始了吗？

小兔：大象，你穿得这么漂亮，一定准备了很好看的节目吧？

大象：哇，一定是你们帮我打扮的，谢谢你们，我亲爱的伙伴们！可是，我不会表演节目，怎么办？

众动物：没关系，和我们一起唱歌跳舞吧！只要你玩得开心、跳得快乐就可以了。

〔音乐响起，亲子人偶出场。〕

小鸟：快乐晚会正式开始。首先，请大家欣赏小动物们带来的舞蹈，一起跳起来吧！

〔音乐响起，晚会开始了。木偶舞台前，四对亲子套上雨衣随着音乐表演人偶秀，两两相对表演。木偶舞台上众动物也随着音乐一起表演，台前台后一片欢乐。〕

松鼠：小朋友们，我们跳得好吗？那就给我们鼓鼓掌吧！接下来，请欣赏动物们带来的《拍手歌》。

〔木偶舞台上众动物合作表演《拍手歌》，舞台前四对亲子人偶也一起表演《拍手歌》。〕

小兔：最后，请大家一起跳起《兔子舞》吧！

〔音乐响起，木偶舞台前四对亲子人偶表演，一对接一对地左右、前后跳《兔子舞》；木偶舞台上，各动物玩偶也一个接一个随着音乐蹦蹦跳跳。〕

〔剧终。〕

故事来源：网络童话故事《快乐晚会》。

【活动建议】

该木偶剧以动物们筹办和参加晚会前后出现的问题为线索，通过木偶表演体现动物间互相帮忙、不怕困难、勇敢解决问题的和谐友爱，展现了动物们丰富的想象力和一起表演的快乐场景，有助于幼儿感受与同伴一起玩、一起解决问题的快乐。该木偶剧融入了亲子人偶表演，表现了温馨、愉悦的亲子情感。独创的双人人偶服饰和动物想象设计的帽子、服装等道具均能激发幼儿的想象力。鉴于该木偶剧所蕴含的教育价值，编写者提出几点建议。

1. **欣赏与思考。**引导语："森林里有什么通知？大象觉得自己能参加晚会吗？为什么？他虽然觉得自己不会唱歌不会跳舞，但他为晚会做了什么事情？你们觉得他这样做对吗？为什么？当动物们来参加晚会时，发现了什么问题？大家是如何解决的？最后大象参加舞会了吗？他开心吗？为什么？"

2. **社会领域。**通过幼儿日常的游戏场景，引导幼儿发现问题、解决问题，或分享交流遇到的困难并一起讨论、解决问题；借助该木偶剧的主题思想，引导幼儿知道伙伴之间要互相帮助、一起解决问题，同时也在游戏中感受友好和谐、快乐游戏的氛围。

3. **艺术领域。**开展韵律活动"兔子舞"，鼓励幼儿用肢体动作进行表演。引导幼儿利用废旧雨衣制作不同角色的亲子人偶衣；利用树叶、花瓣、荷叶等自然物，创作美术作品或制作剧中道具等。

4. **科学领域。**引导幼儿认识剧中相关动物的外形特征和生活习性，了解每种动物都有自己的本领。

5. **环境创设。**创设"快乐晚会"主题墙饰，鼓励幼儿收集各种晚会表演的照片、海报、入场券等，粘贴到主题墙上，引导幼儿分享讨论与晚会相关的生活经验和信息；组织幼儿设计自己和同伴的"快乐晚会"，设计宣传海报、票券、布置晚会场景等。

6. **家园共育。**开展亲子木偶表演的专题家庭教育指导，鼓励家长与幼儿一起利用双人雨衣、布袋等材料，制作亲子人偶表演服饰，与幼儿一起表演，感受亲子游戏的乐趣，增进亲子感情。

小猫学本领

场景：森林、小猫的家

角色：猫妈妈、猫爸爸、小猫咪咪、小鸟、老鼠

道具：小床、胡萝卜、小板凳

〔幕启。清晨，猫妈妈和猫爸爸起床了。〕

猫妈妈：喵——（有节奏地念白）我是漂亮的猫妈妈，每天清晨起得早。

猫爸爸：喵——（有节奏地念白）我是勤劳的猫爸爸，早早起床身体好。

猫爸爸：（有节奏地念白）洗洗脸，理理毛，收拾干净回头瞧！哎，是谁还在睡大觉？（猫爸爸和猫妈妈走到小猫咪咪的床边）

猫妈妈：亲爱的宝贝，起床了，起床了，起床了！

小猫咪咪：是谁把我大声叫，吵得我不能睡大觉？（看一下猫爸爸、猫妈妈）唉，是爸爸妈妈吗？干吗这么早把我叫起来?!

猫妈妈：睁开眼睛瞧一瞧，太阳公公在冲着你笑。

猫爸爸：快快起床学本领，学好本领才是好宝宝。

小猫咪咪：学本领？学什么本领呢？

猫爸爸：学抓老鼠呀！

小猫咪咪：抓老鼠呀，好啊！爸爸妈妈，我准能一学就会！

猫妈妈：咪咪，你连老鼠是什么都不知道。

猫爸爸：怎么能抓到老鼠呀？

小猫咪咪：爸爸妈妈，你们快说呀，一说我就知道了呀！

猫妈妈：好好好！听好了，老鼠可坏了，拖着一条长尾巴。

小猫咪咪：知道了，知道了！

猫妈妈：咪咪！唉，这孩子，话还没说完就跑了。咪咪……

小猫咪咪：爸爸妈妈说老鼠有一条长长的尾巴。

〔音乐响起，小猫东找找，西蹿蹿，叼着一根胡萝卜回来。〕

小猫咪咪：（兴奋地叫着）抓到老鼠了，抓到老鼠了！

猫爸爸：抓到老鼠了？让我们看一看。

猫妈妈：（摸摸小猫的脑袋）这哪是老鼠啊，这是胡萝卜！

小猫咪咪：唉，你们不是说老鼠有一条长尾巴吗？

猫妈妈：我们还没说完呢，老鼠还有四条腿呢！

小猫咪咪：哦，有了，有了！这个问题好解决，我马上去找。

猫妈妈：咪咪，咪咪！这孩子，话还没说完就跑了。（叹气）

小猫咪咪：抓老鼠谁不会，这只老鼠四条腿，我用爪子抓回来。

〔小猫叼回一条小板凳。〕

小猫咪咪：抓到老鼠了，抓到老鼠了！

猫妈妈：什么？抓到老鼠了？

猫爸爸：让我们瞧瞧！

猫妈妈：哎呀，这哪是老鼠呀，这是一条小板凳！

猫爸爸：哎呀，这样哪能学本领，会让人家笑掉牙的！

小猫咪咪：又错了，抓老鼠这么难。哼，不学了！

猫妈妈：咪咪，其实抓老鼠一点也不难，是你没听清楚就去抓。

猫爸爸：是你粗心大意，所以才会错。

小猫咪咪：爸爸妈妈，那我仔细听，你们赶快告诉我吧！

猫妈妈：嗯，这就对啦！

猫爸爸：老鼠可坏了。小眼睛，尖嘴巴，身穿黑色毛皮袄，拖着一条长尾巴。

猫妈妈：吱吱吱，偷粮食，咬衣服，传染疾病害处大。我们一定要消灭它，消灭它！

小猫咪咪：爸爸妈妈，这回我听明白了，可是我还不知道怎么抓老鼠呢！

猫妈妈：好，听我来教你！抓老鼠，要用心，连玩带闹抓不着。

猫爸爸：走路脚要轻，不能“喵喵”叫。

猫妈妈：眼睛看得准，爪子抓得牢。

小猫咪咪：明白了，明白了！爸爸妈妈的话记心上，出门就把老鼠找。

〔小猫咪咪东闻闻，西瞧瞧，到处找老鼠。〕

小猫咪咪：听，什么东西“吱吱”叫？

〔一只老鼠上蹿下跳，甩着尾巴。〕

小猫咪咪：小眼睛，尖嘴巴，身穿黑色毛皮袄，拖着一条长尾巴。嘘！是只老鼠准没错！

〔紧张而神秘的音乐响起。小猫咪咪凝神聚目，当老鼠再次蹿起时，小猫猛地纵身一跳，咬住老鼠。小鸟出场。〕

小鸟：一、二、三，小猫加油，小猫加油！

猫爸爸、猫妈妈：抓到老鼠了？让我们瞧瞧。对，这就是可恶的老鼠！

猫妈妈：咪咪，你真棒！

众：小小猫，学本领。要用心，专心听。不偷懒、不骄傲。老鼠再也跑不掉！（欢呼）

〔音乐响起，大家欢快地跳舞。〕

〔剧终。〕

故事来源：网络童话故事《自作聪明的小花猫》。

金教鞭

【活动建议】

该木偶剧生动地展现了小猫咪咪学抓老鼠的过程，从自作聪明到耐心学本领、专心听、用心抓的变化。鉴于该木偶剧所蕴含的教育价值，编写者提出几点建议。

1. **欣赏与思考。**引导语：“剧中有谁？小猫咪咪学什么本领？

一开始小猫咪咪抓到老鼠了吗？小猫咪咪闹了什么笑话？为什么小猫咪咪会把胡萝卜、小板凳当成老鼠？你觉得这是一只什么样的小猫？你喜欢吗？为什么？最后小猫咪咪学到真正的本领了吗？为什么？如果是你，你会怎样学本领？”

2. **语言领域。**引导幼儿尝试学习木偶剧里的角色对话，感受语言的韵律节奏美；引导幼儿理解木偶剧中诙谐有趣的故事情节，明白自作聪明会产生什么样的后果，从而懂得要努力专心学本领，才会有真正的收获。

3. **科学领域。**组织幼儿初步认识猫和老鼠的外形特征和生活习性；知道老鼠是四害之一，会偷吃粮食、常常咬坏人们的各种生活物品，还会传染各种疾病、危害人们的健康。

4. **艺术领域。**组织小班幼儿利用饮料纸盒、牙膏盒等制作小猫和老鼠的桌面玩偶，尝试简单的表演；组织中班幼儿利用沐浴海绵球、卷纸芯等制作简单的杖偶，尝试表演猫抓老鼠的片段；组织大班幼儿利用废旧报纸、画纸等制作纸浆布袋偶，尝试合作表演，掌握布袋偶拿、举、追等互动性表演技巧。

5. **社会领域。**借助该木偶剧，引导幼儿学习小猫咪咪勇于改正坏习惯、认真学习、用心做事的好品质。

6. **家园共育。**向家长推荐该幼儿木偶剧，引导家长和幼儿一起欣赏。开展“专心学本领，用心做事情”主题家庭教育指导活动，引导家长在家鼓励幼儿养成认真、踏实做好每件事情的好习惯。

没有牙齿的大老虎

场景：森林

角色：小猴、小猫、小狗、小兔、狐狸、大老虎、狮子

道具：糖果、大牙齿、大钳子

〔幕启。音乐响起，小动物们随着音乐跳着出场。突然，幕后一声老虎叫，小动物们吓了一跳，靠拢在一起。〕

小动物们：（害怕地说）哎，听！是大老虎！

小猴：大老虎的牙齿可吓人啦！碗口粗的树，大老虎只要用牙一啃，就断了！

〔这时，狐狸探出脑袋做偷听状。〕

小动物们：啊，好厉害啊！（做紧张、害怕状）

狐狸：（笑着走出来）哈哈！你们怕大老虎的牙齿，我可不怕，我还要把他的牙齿全拔掉呢！

小动物们：哈哈，谁相信你的话呀！

小兔、小猫：吹牛！吹牛！

小猴、小狗：没羞，没羞！哼！

〔小兔、小猫、小猴、小狗一起转身退场。〕

狐狸：你们不信吗？那好，等着瞧吧！

〔音乐响起，狐狸神气地退场。大老虎出场。狐狸拿着糖果再次出场。〕

狐狸：亲爱的老虎大王，我给您带来了世界上最好吃的东西——糖。

大老虎：（大吼一声）是什么呀？我来尝尝。嗯，好吃极了！

狐狸：大王，您尽管吃，我会再给您送来的，再见！（退场）

大老虎：谢谢，谢谢！

〔音乐响起，老虎吃糖果。〕

大老虎：狐狸真好，天天给我送糖来。

〔大老虎吃着吃着，抱着糖睡着了。狐狸从树后偷偷探出脑袋偷笑。公鸡鸣叫声响起，音乐响起，狮子出场。〕

狮子：哎呀，大王，大王，糖吃得太多，又不刷牙，牙齿会蛀掉的。

大老虎：（抱着糖，张嘴打哈欠）真的吗？

狮子：狐狸最狡猾，您可别上他的当呀！

大老虎：谢谢你，好朋友！

狮子：记得刷牙啊！

〔狮子退场，狐狸出场。〕

狐狸：大王，您去哪儿呀？

大老虎：我要去刷牙，要不牙齿会蛀掉的。

狐狸：哎，别人的牙怕蛀，您大老虎的牙那么厉害，大树都能咬断，还会怕蛀吗？

大老虎：那，那就不刷吧！

〔狐狸又送了一些糖给大老虎，退场。大老虎继续吃糖。〕

大老虎：（突然地）哎哟，哎哟，痛死我了，痛死我了！（走动，捂着脸喊）大夫，快快把我的痛牙拔掉吧！

旁白：我怎敢拔您大老虎的牙呀！

大老虎：哎哟，哎哟，痛死我啦！痛死我啦！

〔小动物们闻声出场。〕

小动物们：大王，您怎么啦？

老虎：我的牙好痛呀，谁能帮我把牙拔掉，我就让他做大王。

小动物们：不敢，不敢！

〔狐狸扛着大钳子，神气地出场。〕

狐狸：亲爱的大王，还是我来给您拔牙吧！

大老虎：（捂着嘴巴）谢谢！谢谢！

狐狸：（瞧了瞧大老虎的牙）哎哟，您的牙全得拔掉！

大老虎：啊！唉，只要不痛，拔就拔吧！

〔音乐响起，狐狸拿起大钳子帮大老虎拔牙。〕

狐狸：一颗、两颗、三颗……呀，这最后一颗牙怎么拔不起来呢？（转身朝小动物们喊）哎，快来帮忙呀！

小动物们：来了，来了！

〔小动物们一起抓着狐狸的尾巴帮忙拔牙。小动物们一用力，一颗大尖牙被拔起来了。小动物们都摔倒了，赶紧躲到树的后面，偷偷笑。〕

大老虎：（朝狐狸说）还是你最好，送我糖吃，又替我拔牙。谢谢，谢谢！

〔大老虎说完就伏在地上喘息。音乐响起，狐狸神气地晃脑袋，小动物们围着大老虎，念起顺口溜。〕

众小动物：大老虎，贪吃糖，受骗以后蛀了牙。小狐狸，真狡猾，装模作样帮拔牙。笨老虎，没了牙，还谢狐狸好仗义。哈哈哈！瘪嘴笨老虎！

〔大老虎垂头丧气，小动物们哈哈笑。〕

〔剧终。〕

故事来源：《没有牙齿的大老虎》（冰子/著，陈泽新/绘），中国少年儿童出版社 2011 年版。

【活动建议】

中班、大班幼儿面临着换牙期，而喜欢吃糖是幼儿的天性。如何保护好自己的牙齿，做好幼儿保护牙齿的卫生保健教育尤为重要。该木偶剧借助生动有趣的故事情节，让幼儿懂得吃糖后要及时刷牙。鉴于该木偶剧所蕴含的教育价值，编写者提出几点建议。

1. **欣赏与思考。**引导语："谁是森林之王？为什么小动物们都害怕他？可是狐狸为什么不怕大老虎？他想出了什么妙招？大老虎最后变成了什么样的老虎？为什么？小动物们还会害怕大老虎吗？"

2. **语言领域。**引导幼儿学习主要的角色对话，尝试用不同的语调、语速、音色等模仿不同动物的语言，表现不同动物的性格特征。

3. **健康领域。**引导幼儿讨论："为什么大老虎会牙疼，最后把牙齿都拔光了？我们要如何保护自己的牙齿？如果牙齿生病了要怎么办?"引导幼儿了解换牙的基本常识，消除其换牙的紧张心理，懂得保护牙齿的方法，坚持早晚刷牙，不多吃容易引起蛀牙的甜食；鼓励幼儿如果牙疼，一定要及时勇敢地接受治疗。幼儿园每学期组织幼儿进行口腔保健。

4. **艺术领域。**引导幼儿尝试用泡沫板、纸板等材料自制木偶剧中的道具，并参与表演。

5. **社会实践活动。**结合"国际爱牙日"开展主题活动，有条件的幼儿园可组织幼儿到牙科诊所参观或邀请牙科医生走进幼儿园，帮助幼儿了解保护牙齿、治疗牙齿的方法。

6. **家园共育。**开展"爱护牙齿"家庭教育指导活动，建议家长提供机会，让幼儿养成早晚刷牙、定期做口腔保健等好习惯。

小狐狸变魔法

场景：森林

角色：小狐狸、小兔、小狗、小鸟

道具：小羊面具、大蘑菇、大石头、雨伞、太阳、乌云

〔幕启。音乐响起，小狐狸戴着小羊面具出场。〕

小狐狸：小朋友，你们好！知道我是谁吗？错了，我不是小羊，你们看！（摘下面具）我是魔法师小狐狸。我的魔法可高超了，我会变许多东西呢！不信吗？不信，你们待会儿睁大眼睛瞧瞧，看我是不是很厉害。

〔音乐响起，小兔出场。〕

小兔：大家好，我是活泼可爱、人见人爱、花见花开的小兔，我今天要到森林里去采蘑菇。

小狐狸：嘻嘻，这肯定是只笨小兔，让我变成一朵大蘑菇来捉弄她吧。等她采蘑菇的时候，我就跳东又跳西，让她累得气喘吁吁，晕头转向。哈哈，就这么办！

〔小狐狸变成了一朵大蘑菇。〕

小兔：哇，好大的一朵蘑菇哟！我要把它采回家去炖蘑菇汤。

〔小兔准备采大蘑菇，谁知大蘑菇跳来跳去，怎么也采不到。〕

小兔：奇怪，大蘑菇怎么会动啊？

小狐狸：瞧你这笨小兔，上我的当了吧！这大蘑菇是我变的呀，哈哈！

小兔：讨厌！你这狡猾的小狐狸，我不跟你好了！

〔音乐响起，兔子退场，小狗出场。〕

小狗：今天天气真好，我要到森林去跑步，锻炼身体。一二一、一二一……

小狐狸：嘻嘻，这肯定也是只笨小狗，让我变成一块石头来捉弄他吧。

小狗：（踢到“石头”）哎哟……我的脚！呜呜呜……

小狐狸：笨小狗，上我的当了吧！这石头是我变的呀，哈哈！

小狗：哼！你这狡猾的小狐狸，我不跟你好了！

小狐狸：狗弟弟，别生气嘛！我这不是刚学了点小魔法，想变给你们看看嘛！

小狗：哼！你欺负人，我要请小鸟去告诉森林的伙伴们，让他们都别跟你做朋友了！

〔音乐响起，小狗退场，小鸟飞出场。〕

小鸟：狐狸狐狸坏东西，变了魔法耍朋友。大家千万要当心，不要和他做朋友！

〔小兔和小狗出场。〕

小兔：对！我们自己玩！

小狗：嗯嗯，不和他玩！

小狐狸：为什么都不理我呀？一个人真没劲，我得想个办法，和他们重新做好朋友。

〔打雷声响起。〕

小鸟：打雷了，要下雨了，大家快回家吧！

小兔：小狗，你带雨伞了吗？

小狗：没有，我们还是赶快回家吧！

小狐狸：小兔、小狗，你们别走！瞧，我会变成雨伞，我给你们遮雨。

〔小狐狸变成了一把“雨伞”。〕

众动物：呀，小狐狸你太神奇了，还会变成雨伞，我们不用被雨淋了！

〔动物们遮着“雨伞”走着走着。一会儿太阳出来，雨停了，小狐狸又变回来了。〕

小鸟：雨停啦，雨停啦！

小狗：谢谢你，小狐狸！

小兔：谢谢你变成雨伞为我们大家遮雨！

小狐狸：不客气！刚才是我不好，不该用自己的魔法欺负大家，我以后不会这样了，你们还能跟我做朋友吗？

小鸟：知错能改就是好孩子，以后大家都是好朋友，互相关心，互相帮助，大家一起多快乐！

众动物：（拍手叫起来）太好喽，太好喽！

〔音乐响起，小动物们一起欢快地跳起舞来。〕

〔剧终。〕

故事来源：网络童话故事《小狐狸的变身法》。

【活动建议】

幼儿年龄小，缺乏与同伴交往的经验。该木偶剧生动地展现了小狐狸从利用魔法欺负小动物到利用魔法帮助小动物的转变，不仅让幼儿感受到魔法的神奇，还让幼儿感受到同伴之间应该友爱互助的美好情感。鉴于该木偶剧所蕴含的教育价值，编写者提出几点建议。

1. **欣赏与思考。**引导语："该木偶剧里的小狐狸会变什么魔法？会变魔法的小狐狸是怎么对待小动物的？小动物们喜欢他吗？为什么？"

2. **社会领域。**借助该木偶剧让幼儿懂得好朋友要友爱互助，引导幼儿学会与同伴友好交往的方法，懂得不能欺负同伴，有困难要一起解决。

3. **语言领域。**投放友好团结、互相帮助等主题的绘本，引导幼儿阅读、讲述。

4. **艺术领域。**引导幼儿利用一次性拖鞋、纸盒、纸盘等材料制作木偶剧中的角色，并尝试表演；尝试制作"小雨伞"道具。

5. **家园共育。**引导家长利用周末开展家庭假日小组活动，多鼓励幼儿与同伴交往，懂得关心和帮助同伴，让幼儿体验与同伴交往的快乐。

七彩花姑娘

场景：草地、池塘

角色：太阳哥哥、花姑娘（伞形杖偶，眼睛用小灯泡制作）、小蚂蚁、蜥蜴、小鸟、小刺猬

道具：七彩花瓣、小绿船、红花披风、紫花伞、黄色翅膀、乌云、白云、雨、树、两条小鱼、彩虹

〔幕启。音乐响起，太阳哥哥、花姑娘出场。〕

太阳哥哥：咦，这是什么声音呢？哦，原来是春姑娘来啦，绿绿的小草多美啊，小鱼在池塘里快乐地游戏呢！

〔太阳哥哥跟着音乐舞动，花姑娘慢慢打开花瓣苏醒过来，小鱼在池塘里游动。〕

太阳哥哥：哇，好美的花！

花姑娘：（慢慢伸懒腰）太阳哥哥，你好，很高兴见到你！

太阳哥哥：你好！你的花瓣真美啊！五颜六色的就像彩虹一

样美。

花姑娘：真的吗？我们一起玩吧！

〔随着音乐，花姑娘和太阳哥哥自由跳舞。小蚂蚁出场。〕

小蚂蚁：（有节奏地念白）我是一只小蚂蚁，住在一棵大树里，不愁风也不愁雨，妈妈让我出门去，给我姥姥送果果。呀，前面好深的一个坑，这可怎么好？妈妈妈妈，快来呀，宝宝怕怕，呜呜——

花姑娘：这是谁啊？原来是小蚂蚁，你怎么哭得那么伤心呢？

小蚂蚁：我……我……这个坑太深了，我过不去，你能帮帮我吗？

花姑娘：我送给你一片绿色的花瓣吧，希望它能帮助你。

〔花姑娘说完就摘下一片绿花瓣。在音乐的伴奏下，绿花瓣马上变成一艘小绿船。〕

小蚂蚁：哇！绿花瓣变成小绿船啦，这下我可以过去啦！花姑娘，谢谢你，再见！

〔小蚂蚁跳上小绿船，边划边退场。蜥蜴出场。〕

蜥蜴：小小蜥蜴草丛爬，人人笑我长得丑……唉，累死我了，找遍整片森林也没有一件合适的衣服穿，看来今天的晚会我没办法

参加了，唉——（叹气）

花姑娘：蜥蜴哥哥，你有什么烦心事吗？说来听听，说不定我能帮你呢！

蜥蜴：你？你怎么帮我？我想要一件全世界最漂亮的衣服，你有吗？

花姑娘：这太简单了，瞧我身上的红花瓣和你的绿衣服刚好可以搭配呀！

〔花姑娘摘下一片红花瓣，随着音乐节奏变成一件红花披风，披在蜥蜴身上。〕

蜥蜴：真的吗？我有红花披风，现在我可以去参加晚会了。花姑娘，你太棒啦，谢谢你，再见！

花姑娘：蜥蜴哥哥，再见！

〔蜥蜴退场。这时，风声响起，太阳哥哥退场，小鸟、小刺猬出场。〕

小刺猬：好大的风啊，马上就要下雨了，该怎么办呢？

〔小刺猬着急地左右来回爬，小鸟被风吹得摇摇摆摆，撞到树上。〕

小鸟：我的翅膀，好疼啊！

小刺猬：哎呀，你的翅膀受伤啦！该怎么回家呢？

花姑娘：小刺猬、小鸟，别担心，我有办法！

小鸟、小刺猬：花姑娘，你有什么办法呢？

花姑娘：小刺猬，这片紫色花瓣送给你。小鸟，这片黄色花瓣送给你。

〔花姑娘摘下花瓣，随着音乐变出一把紫花伞、一对黄色翅膀。〕

小刺猬：哇！紫色花瓣变成了雨伞，太神奇了！这样我就可以回家啦！小鸟，你也可以飞回家啦！

小鸟：是啊，有了黄色的翅膀，我又可以飞啦！

小刺猬、小鸟：谢谢你，好心的花姑娘！

小刺猬：快下雨了，花姑娘，你也躲一躲吧！再见！

花姑娘：再见！

〔小鸟、小刺猬退场。风越吹越大，雨越下越大，花姑娘摇摇晃晃，紧张地呼救。〕

花姑娘：我的花瓣、我的叶子，谁……谁……谁来救救我？

〔随着花瓣、叶子的掉落，花姑娘闭上眼睛，倒下了。众动物出场，围在花姑娘周围，伤心地哭了。〕

众动物：花姑娘、花姑娘，你快醒醒啊！

〔从舞台中央升起一道彩虹。〕

小鸟：快看，天上有一道彩虹！

小刺猬：一定是好心的花姑娘在天上看着我们呢！我们一起围着花姑娘跳舞吧，说不定她还能醒过来呢！

〔圆舞曲音乐响起，众动物围着花姑娘跳舞，花姑娘慢慢起身。〕

众动物：哇，花姑娘真的醒过来了！

花姑娘：谢谢你们，小伙伴们，我又可以享受阳光了！

〔音乐响起，众动物和花姑娘、太阳哥哥一起围成圆圈，跟着音乐做转圈、拍手等动作。〕

〔剧终。〕

故事来源：《彩虹色的花》（〔美〕麦克·格雷涅茨/著，彭君/译），二十一世纪出版社 2018 年版。

【活动建议】

该木偶剧通过生动的木偶表演，讲述了花姑娘无私地帮助小动物们，当花姑娘遇到困难时小动物们又一起关心她的故事。鉴于该木偶剧所蕴含的教育价值，编写者提出几点建议。

1. **欣赏与思考。**引导语："花姑娘遇到了谁？她是怎么帮助小动物的？花姑娘的花瓣神奇之处在哪儿？后来花姑娘遇到了什么事情？小动物们是怎么做的？”

2. **社会领域。**借助该木偶戏剧，引导幼儿讨论“当你遇到困难时，有谁给予你什么样的帮助？”“当伙伴有需要帮助时，你会怎么做？”等问题，让幼儿懂得向剧中的花姑娘和小动物学习乐于助人、互帮互助的精神。

3. **语言领域。**引导幼儿模仿木偶剧中的角色对话，鼓励幼儿有节奏地念出动物上场时的自我介绍。

金教鞭

找 快 乐

场景：森林

角色：小老鼠灰灰（有长尾巴）、百灵鸟、小猴、大树、玫瑰花、小猫、小兔

道具：一座房子、背景图、玩具小汽车、小皮球、苹果、苹果核、红色花瓣被子

〔幕启。音乐响起，小老鼠灰灰独自在家里闷闷不乐地摆弄着玩具小汽车。〕

小老鼠灰灰：唉，真没意思！要怎么样才能找到快乐呢？

旁白：灰灰，出去玩玩吧！去和小伙伴们一起玩吧，你会快乐一点的。

〔小老鼠灰灰闷闷不乐地出门了。百灵鸟出场。〕

百灵鸟：（唱）春天天气真好，花儿都开了。啦啦啦……我真快乐呀！啦啦啦啦……小老鼠，早上好呀！

小老鼠灰灰：（不耐烦）你是谁呀！

百灵鸟：我是百灵鸟。小老鼠，你病了吗，怎么无精打采的呀？

小老鼠灰灰：你“叽叽喳喳”地乱叫，有完没完呀？

百灵鸟：小老鼠，你别生气，以后如果你不高兴，可以来找我玩，再见！

小老鼠灰灰：再见？哼！我才不想再见到你呢！

〔百灵鸟退场。小猴出场，蹲在大树的树杈上吃苹果。小老鼠灰灰走到树下，突然从树上掉下一个苹果核，砸到了小老鼠灰灰的头。〕

小老鼠灰灰：天哪！谁这么缺德呀？扔苹果核也不长眼睛。

小猴：（低头）对不起，对不起！我不是故意的，砸疼你了吧？真对不起！

小老鼠灰灰：哼！你分明是故意的！哼！气死我了！

小猴：哇！火气这么大呀！怪不得找不到快乐。

〔小老鼠灰灰靠在大树下，无聊、不开心地叹气着。〕

小老鼠灰灰：快乐？快乐可以找得到吗？快乐藏在什么地方呢？

大树：孩子，其实快乐就藏在你心里。

小老鼠灰灰：（抬头看大树）是你在说话吗？

大树：是的，孩子。

小老鼠灰灰：快乐真的藏在我的心里吗？

大树：是的，只要你不乱发脾气，懂礼貌，学会原谅别人，就会找到快乐的。

小老鼠灰灰：哦，谢谢您，我要去找我的快乐了。

〔玫瑰花出场。小老鼠灰灰走到草地里，走累了，坐在玫瑰花旁边，不料被花刺扎了一下。〕

小老鼠灰灰：哎呀，好疼呀！

玫瑰花：小老鼠，对不起！

小老鼠灰灰：你，你……

〔小老鼠灰灰正想发火，突然想到大树的话，面向台下观众。〕

小老鼠灰灰：小朋友，我能生气吗？我该怎么做呢？（台下观众答）对，我要做个快乐的孩子。（转头面向玫瑰花）

小老鼠灰灰：没关系！是我自己碰了您，我应该向您说“对不起”。

玫瑰花：小老鼠，你真是个讲礼貌的好孩子！

小老鼠灰灰：你可真漂亮呀，又这么香。我可以在你这儿睡会儿吗？

玫瑰花：好呀！小老鼠，我送你一片花瓣当被子吧，你可以盖在身上休息一会儿。

小老鼠灰灰：谢谢您！

〔小老鼠灰灰躺在玫瑰花下。音乐响起，小猫、小兔、小猴出场。〕

小兔：小伙伴们，我们来玩游戏吧！咦？你们瞧，这里有一条绳子呀，我们来玩跳绳吧！

〔小兔拉“绳”，可怎么也拉不动。〕

小老鼠灰灰：哎哟！谁在扯我的尾巴呀？

小兔：对不起，对不起，我以为是绳子呢！

小老鼠灰灰：没关系，没关系！

小猴、小猫、小兔：小老鼠，你不生气啦？那我们一起玩皮球吧！

小老鼠灰灰：好啊，好啊！

〔小动物们一起玩皮球。〕

小老鼠灰灰、小猴、小猫、小兔：拍拍手，拍拍手，转个圆圈拍拍手。笑眯眯，笑眯眯，我们一起真快乐，真快乐！

小老鼠灰灰：小朋友，你们说我找到快乐了吗？（台下观众答）是的，我找到快乐了。你们找到了吗？

〔音乐响起，小动物们和玫瑰花、大树一起，有的游戏，有的跳舞。〕

〔剧终。〕

【活动建议】

该木偶剧中的小老鼠灰灰，刚开始独自一人，感到无趣烦躁，到后面能控制自己的脾气，对伙伴多一些宽容，并主动融入群体活动，从而找到了真正的快乐。该木偶剧通过生动的表演，呈现了小老鼠心理活动和情绪表现的一系列变化，能引发幼儿的同理心，让幼儿直观地感受不同的交往方式将会带来不同的情绪，了解快乐的来源。鉴于该木偶剧所蕴含的教育价值，编写者提出几点建议。

1. **欣赏与思考。**引导语：“为什么小老鼠灰灰刚开始的时候闷闷不乐？他遇到了谁？小伙伴向他打招呼，他是怎么对待小伙伴的？大家愿意和他一起玩吗？为什么？谁帮助他找到了快乐？他找到快乐了吗？为什么？”

2. **语言领域。**引导幼儿尝试学习剧中的角色对话，用不同的语言表达不同的情绪。

3. **艺术领域。**引导幼儿画表情图，参与环境创设；引导幼儿利用废旧材料制作大树（眼睛、嘴巴会动）、玫瑰花（花瓣用子母扣粘贴，可以灵活取下花瓣）；鼓励幼儿参与戏剧表演，中班、大班幼儿还可改编情节，把正确的交往方式或保持快乐心情的方法创编到戏剧的角色对话中。

蚕宝宝

场景：低矮的桑树丛

角色：蚕宝宝、蝴蝶、母鸡妈妈、一群小鸡宝宝、蜘蛛妈妈、蛇妈妈、天使妈妈

道具：蚕茧、桑树丛、花蕾、蜘蛛网、蜘蛛丝、小草架

〔幕启。清新的早晨，桑树丛旁有一个大大的花蕾缓缓绽放，一只蝴蝶在翩翩起舞。蚕宝宝吃着桑叶。〕

蝴蝶：天空那么蓝，那么蓝。这花瓣真香，花粉真甜。

〔母鸡妈妈带着小鸡宝宝们出场。〕

母鸡妈妈：咕咕咕，慢慢走，好吃的东西到处有。咕咕咕，仔细瞧，请你们认真找一找。

小鸡宝宝们：叽叽叽，慢慢走，好吃的东西到处有。叽叽叽，仔细瞧，我要认真找一找。

母鸡妈妈：咕咕咕咕……

小鸡宝宝们：叽叽叽叽……

〔母鸡妈妈带着小鸡宝宝们在桑树丛里找虫吃。蝴蝶飞到蚕宝宝旁边。〕

蝴蝶：（对蚕宝宝说）别动，别动，快躲起来！

〔这时，一只小鸡宝宝没有找到吃的，委屈地哭了起来。〕

母鸡妈妈：（安抚着小鸡宝宝）咕咕咕，别着急，只要妈妈在，就不会挨饿。

〔小鸡宝宝高兴地围着母鸡妈妈转。〕

小鸡宝宝：妈妈，妈妈，叽叽叽，叽叽叽……

〔母鸡妈妈带着小鸡宝宝们退场。蚕宝宝从桑叶下面慢慢爬出来，对着蝴蝶叫着。〕

蚕宝宝：妈妈，妈妈。

蝴蝶：我不是你的妈妈。你看清楚，我是男宝宝，不可能成为妈妈。

蚕宝宝：你是，你是，你能来救我，肯定是我妈妈。

蝴蝶：我以前是毛毛虫，也没有见过我妈妈。

蚕宝宝：呜呜呜——可你刚才就像是妈妈。

蝴蝶：别哭啦！听说，所有的毛毛虫都没有见过妈妈，我们的妈妈生下宝宝就走了……

蚕宝宝：你也好可怜！但是，有妈妈真好！我喜欢妈妈！谢谢你救了我，我要去找妈妈啦！

蝴蝶：再见！希望你能够找到你的妈妈，路上要注意安全啊！

〔蝴蝶退场。蚕宝宝爬呀爬，踏上了找妈妈的路途。〕

蚕宝宝：有妈妈多好，再不用害怕危险。有妈妈多好，再不会挨饿孤单。

旁白：蚕宝宝从这片桑叶爬到那片桑叶。蚕宝宝爬呀爬，吃呀吃，一天天长大了。

蚕宝宝：（念白）吃呀吃呀大口吃，吃得个个肥又胖。吃呀吃呀大口吃，每天都要变模样。我的胃口太好啦！

〔蛇妈妈出场，开始蜕皮。〕

旁白：蚕宝宝已经连续四次蜕皮，身体白白胖胖的。这时，他发现了一只正在蜕皮的蛇。蚕宝宝爬过去，有礼貌地询问。

蚕宝宝：您好！您是我的妈妈吗？

蛇妈妈：孩子，我不是你的妈妈。

蚕宝宝：可是，刚才我看到您跟我一样会蜕皮。

蛇妈妈：我们身边还有很多动物都会蜕皮。乖孩子，你再去前面找找，祝你好运！

蚕宝宝：谢谢您！再见！

〔蛇妈妈退场。蜘蛛妈妈出场，开始吐丝。〕

旁白：蚕宝宝继续吃，嘴巴里开始会吐出一两条丝。一天，他看到了桑树杈上有一只正在吐丝的蜘蛛。

蚕宝宝：您好！您是我的妈妈吗？

蜘蛛妈妈：孩子，我不是你的妈妈。

蚕宝宝：可是，刚才我看到您跟我一样会吐丝。

蜘蛛妈妈：我们吐丝织网，是为了捕捉昆虫，喂养小蜘蛛宝宝。乖孩子，你去其他地方找找吧，祝你好运！

蚕宝宝：谢谢您，蜘蛛妈妈！

〔蜘蛛妈妈退场。〕

蚕宝宝：妈妈，妈妈，你到底在哪里？我可想你了！

〔音乐《妈妈不要离开我》起。第一次遇到的蝴蝶出场，蝴蝶长得更大了。〕

蝴蝶：蚕宝宝，你长得比以前更大了，你找到妈妈了吗？

蚕宝宝：没有，很高兴能够再见到你！（打了个响亮的饱嗝）看来，我该去吐丝结茧了。蝴蝶兄弟，你来当我的小妈妈，帮我一下吧！

蝴蝶：我……

蚕宝宝：你帮我把那个小草架拿过来吧。

蝴蝶：好吧。

〔蝴蝶飞过去拿来了小草架，放在蚕宝宝身边。〕

旁白：蚕宝宝不断吐丝，系在小草架上，开始结茧。这一切仿佛有人教过我，记忆就在我的心上，是妈妈留下的吗？在很久很久以前，妈妈一定也曾这样，守候在我身旁。

蚕宝宝：我终于把一肚子的丝全吐完了，我要在自己织的小房子里休息啦！再见，再见啦！小蝴蝶，希望还能够见到你。

蝴蝶：会的，会的！当你长出翅膀，我们还会再见面！蚕宝宝，你真美！

〔这时一群美丽的蝴蝶在整片桑树丛中飞舞着。舞台前，一个人偶扮演的天使妈妈出场，围着蚕茧飞舞，轻轻拥抱它。〕

天使妈妈：（唱）宝宝，宝宝，甜甜地睡吧，妈妈在身边，守着你的梦。宝宝，时间到了你会苏醒，你会找到伙伴，找到你的爱情，完成你的使命，一切你都会懂……

〔温馨的音乐响起。天使妈妈继续飞舞，灯光暗下。〕

〔剧终。〕

【活动建议】

该木偶剧的创编源于春天来了，幼儿发现了小小的黑色蚕卵，产生了探索的兴趣。幼儿从观察小蚕卵的变化到饲养破壳而出的小蚕宝宝，然后观察蚕宝宝吐丝结茧，亲身感受到了蚕宝宝的生长变化。该木偶剧生动地展现了蚕宝宝的生长过程，并链接了与蚕宝宝特征相似但种类不同的动物，让剧情更加生动有趣，丰富幼儿的知识经验。鉴于该木偶剧所蕴含的教育价值，编写者提出几点建议。

1. **欣赏与思考。**引导语："鸡妈妈和小鸡宝宝在什么地方捉虫吃？小鸡宝宝为什么哭了？鸡妈妈怎么安慰他的？蚕宝宝差点被小鸡吃了，谁来帮助他？为什么蚕宝宝以为蝴蝶是他的妈妈？蛇和蜘蛛是蚕宝宝的妈妈吗？为什么蚕宝宝会认错妈妈？他们有什么相同的地方？蚕宝宝变成了什么？蚕宝宝最后找到妈妈了吗？"

2. **科学领域。**在自然角提供蚕卵，引导幼儿观察并尝试照顾蚕宝宝，在看看、摸摸、说说的过程中走进蚕宝宝的世界；引导幼儿探索蚕宝宝长什么样、什么时候会结茧、蚕宝宝是怎么睡觉的、蚕茧里有什么、蚕茧长什么样等，让幼儿了解蚕的生长变化，知道蚕全身都是宝。

3. **语言领域。**引导幼儿欣赏该戏剧表演，学习正确使用"蜕皮""结茧""吐丝织网"等词汇；引导幼儿学习剧中不断重复的反问句，可尝试学习剧中的角色对话及相关的翘舌音。在阅读区提供绘本《蚕宝宝的一生》《神奇的蚕宝宝》等，让幼儿阅读绘本。

4. **艺术领域。**引导小班幼儿尝试用圆形纸片、棉花等制作蚕宝宝；引导中班、大班幼儿尝试运用海绵球、浴球、泡沫小球等材料制作蚕宝宝、蚕茧等，运用晕染的方式制作蝴蝶杖偶，利用废弃食物包装材料、小纸盒等制作蜘蛛或蛇等；鼓励大班幼儿继续创编蚕宝宝破茧后的故事，并进行表演。

5. **健康领域。**组织幼儿开展体育游戏“快乐的蚕宝宝”，引导幼儿在海绵垫上模仿蚕宝宝蠕动、翻滚、团身结茧等动作。

6. **家园共育。**向家长推荐该幼儿木偶剧。引导家长结合节气的变化，带幼儿外出观察春季里动物们的生长变化；在家里饲养蚕宝宝，鼓励幼儿尝试喂食、更换桑叶、清理粪便等，培养幼儿的责任感。

漂亮的小天鹅

场景：清澈的小湖，马路，黑漆漆的下水道，黑幕布等

角色：小天鹅、小鱼、小鸟、鸡妈妈、小兔子、小青蛙

道具：帽子、篮子、鸡蛋、一袋大米、竹梯

〔幕启。清澈的湖里，一只雪白的小天鹅在游泳，小鱼在自由地游戏。〕

旁白：有一只小天鹅，特别爱美，他觉得自己漂亮极了。一天，他在湖里游泳，看到水中有自己的倒影。

小天鹅：瞧！我多美啊！

小鱼：小天鹅，你在干什么呀？

小天鹅：你瞧，我多美啊！

小鱼：哪有自己夸自己美的呀？

旁白：小天鹅很不服气。他飞上天空，看见小鸟。

小天鹅：小鸟，小鸟，你看，我是不是非常美？

小鸟：我的帽子掉到水里了，你能帮我捡吗？我不会游泳。

小天鹅：你说我美，我就帮你捡！

小鸟：哼！不帮忙就算了！

〔小鸟退场，鸡妈妈出场。〕

旁白：小天鹅生气地飞走了。他飞到大街上，看到鸡妈妈提着一篮鸡蛋。

小天鹅：鸡妈妈，我漂亮吗？

鸡妈妈：我还要赶着去市场，没空看你漂不漂亮。

〔鸡妈妈退场，小兔子出场。〕

旁白：小天鹅又生气了。他昂着头，看到小兔子扛着一袋大米。

小兔子：哎呀，我的大米太重了，你能帮帮我吗？

小天鹅：你说我美，我就帮你扛大米。

小兔子：哼！不帮忙就算了！

〔小兔子退场。〕

旁白：小天鹅飞到湖里，流下了伤心的眼泪。

小天鹅：唉，为什么没有人说我美呢？

〔“呱呱”声响起，小青蛙出场。〕

小青蛙：小天鹅，不是你长得不美，而是你的行为不美。只注重外表美、不喜欢帮助别人的孩子，心灵不美哟！

小天鹅：原来是这样。那我要去帮助别人，做个漂亮的好孩子。

〔小鸟出场。〕

〔小天鹅飞到小鸟身边。〕

小天鹅：小鸟，小鸟，我帮你捡帽子！

小鸟：小天鹅，谢谢你，你真美啊！

〔小鸟退场，鸡妈妈出场。〕

小天鹅：鸡妈妈，我帮你提鸡蛋。

鸡妈妈：谢谢你，小天鹅，你是个懂事的好孩子，现在就漂亮多了。

小天鹅：不用谢！我还要去帮小兔子呢！

〔鸡妈妈退场，小兔子出场。小天鹅又去帮小兔子扛大米了。〕

小天鹅：小兔子，我帮你扛大米吧！

小兔子：谢谢你，小天鹅！

〔正当小天鹅要帮小兔子扛大米时，他掉进黑漆漆的下水道里，害怕地哭了起来。〕

小天鹅：我这是在哪儿啊？怎么黑漆漆的，还这么臭？

小兔子：小天鹅，你不要怕，我这就找人来救你。（向四周喊）快来帮忙呀，小天鹅掉进下水道里啦，大家快来帮忙呀！

〔听到小兔子的呼喊声，鸡妈妈、小鸟都赶来帮忙。〕

鸡妈妈：别怕，小天鹅，我们这就救你上来。

〔小鸟叼来一个长竹梯。〕

小鸟：小天鹅，我把竹梯放到下水道，你再从下面爬上来！

小天鹅：好，谢谢你们！

旁白：小天鹅顺着竹梯爬了上来。他雪白的羽毛变成了黑色的，还浑身发臭。

小天鹅：呜呜——我再也不是漂亮的白天鹅了，呜呜——

小兔子：别伤心，小天鹅，你是为了帮助我们才掉进下水道的。

小鸟：在我们心里，你最美！

鸡妈妈：是啊，回到湖里洗一洗，你就又变成漂亮的白天鹅了！

旁白：动物们来到湖边。“扑通”，小天鹅跳进湖里，抖抖他的羽毛，没过一会儿，他果然又变成了一只比以前更加漂亮的白天鹅。

鸡妈妈：小天鹅，你不仅外表美，心灵更加美！

小天鹅：这是我应该做的。现在我知道了，心灵美才是真正的美！我想给大家献上一支舞，谢谢大家救了我！

众动物：太好了！

〔大家高兴地鼓掌。音乐《四小天鹅》响起，小天鹅邀请其他动物一起表演。〕

〔剧终。〕

【活动建议】

该木偶剧讲述了一只自认为很美丽的小天鹅，总是希望大家都称赞它，结果因为太骄傲，又不愿意帮助他人，大家都不说他漂亮。伤心的小天鹅在小青蛙的帮助下，认识到自己的错误并主动改正，努力做一只外表和行为都美的小天鹅。剧情有趣又富有教育意义。鉴于该木偶剧所蕴含的教育价值，编写者提出几点建议。

1. **欣赏与思考。**引导语："刚开始，小鸟、鸡妈妈、小兔子称赞小天鹅美丽吗？为什么？小天鹅为什么流下了眼泪，后来怎样改正自己的错误，结果如何？你觉得剧中的小天鹅美吗？为什么？"

2. **语言领域。**引导幼儿欣赏该木偶剧；引导小班幼儿学习理解和运用剧中出现的"捡""扛""提""爬"等动词；引导中班、大班幼儿学习剧中的角色对话，会运用适当的语调表现出骄傲、自夸、着急和伤心等不同情绪。

3. **艺术领域。**结合该木偶剧的结尾部分，引导大班幼儿欣赏名曲《四小天鹅》，感受其优美的旋律变化并尝试表演舞蹈。在美工区引导幼儿利用废旧材料制作剧中的角色杖偶，并开展表演活动。引导小班幼儿用纸盒、信封等制作简单的小兔子或小鸡等角色，引导中班、大班幼儿制作立体杖偶和道具。鼓励大班幼儿尝试两两配合表演小人偶，即一人在上在前，表现天鹅的头部和翅膀的动作，另一人在下在后配合表现小天鹅的脚部动作，感受不同表演方式的美。

4. **社会领域。**引导幼儿讨论："什么是心灵美和行为美？为什么心灵美和行为美比外表美更重要？"引导幼儿观察日常生活中的清洁工、快递员等工作人员，感受周边的人热情为人们服务的行为美。

小蝌蚪找妈妈

场景：用舞台正面的幕布呈现池塘场景，布上有水草，几道水波纹上面有开口；舞台台面上有荷花、荷叶等

角色：青蛙妈妈、蝌蚪们、鸭宝宝、鸭妈妈、金鱼妈妈、螃蟹妈妈、乌龟妈妈

道具：青蛙卵、水草、花瓣、石头、荷叶、莲根

〔幕启。音乐响起。池塘一角有一只青蛙蹲在荷叶上，低头看向水里。青蛙妈妈跳到舞台上，又从下面幕布的水波纹开口处钻出洞口。青蛙妈妈从水草底下游过，水中出现了一串串白色的小珠子。随着音乐，白色小珠子变成了蝌蚪，陆陆续续地钻出水波纹。青蛙妈妈退场。鸭妈妈带着鸭宝宝出场。〕

鸭宝宝：瞧，这是我妈妈。你们的妈妈呢？

蝌蚪们：对啊，我们怎么从来没有见过妈妈呢？鸭妈妈，鸭妈妈，谁是我们的妈妈呢？

鸭妈妈：嘎——你们的妈妈啊，眼睛长在头顶上，嘴巴大大的、宽宽的，你们肯定能认出来。

蝌蚪们：谢谢您，鸭妈妈！

〔鸭妈妈和鸭宝宝退场。蝌蚪们继续向前游。金鱼妈妈出场。〕

蝌蚪们：妈妈，妈妈，我们可找到您了！

金鱼妈妈：（摇了摇头说）错啦，错啦，叫错啦，我可不是你们的妈妈！

蝌蚪们：那我们的妈妈呢？

金鱼妈妈：我是金鱼的妈妈。你们的妈妈有白肚皮。好孩子，你们再去找找吧！

蝌蚪们：金鱼妈妈，再见！

〔金鱼妈妈退场。蝌蚪们继续向前游。螃蟹妈妈出场。〕

蝌蚪们：妈妈，妈妈，我们可找到您了！

螃蟹妈妈：我不是你们的妈妈，我是小螃蟹的妈妈。你们的妈妈长着四条腿。昨天我还看见她，你们赶快去吧！

蝌蚪们：谢谢，螃蟹妈妈再见！

〔螃蟹妈妈退场，乌龟妈妈出场。蝌蚪们失望地继续往前游去，

金教鞭

遇见了乌龟妈妈。〕

蝌蚪们：妈妈，妈妈，我们可找到您了！

乌龟妈妈：我不是你们的妈妈，我是小乌龟的妈妈。你们的妈妈长着白肚皮，爱穿绿衣服，唱起歌来“呱呱”叫。

蝌蚪们：谢谢，乌龟妈妈再见！

〔乌龟妈妈退场，青蛙妈妈出场。蝌蚪们继续往前游，遇见青蛙妈妈。〕

蝌蚪们：你见过我们的妈妈吗？她的眼睛长在头顶上，嘴巴又宽又大，白肚皮，四条腿，爱穿绿衣服，唱起歌来还“呱呱”叫呢！

青蛙妈妈：孩子们啊，你们仔细瞧一瞧，我不就是你们的妈妈吗？

蝌蚪们：那为什么我们长得不一样呢？

青蛙妈妈：你们还小呢，等你们长大了，就会和妈妈一个模样了。到那个时候啊，妈妈带你们到岸上去捉虫子。

〔音乐响起，众动物一起上台唱歌跳舞。〕

蝌蚪们：我们都会变青蛙，呱呱呱呱呱……

〔剧终。〕

故事来源：《小蝌蚪找妈妈》（方惠珍、盛璐德/著，白鳍豚文化/绘），长江少年儿童出版社2020年版。

【活动建议】

该木偶剧改编自经典的童话故事，以童心童趣的情节，展现小蝌蚪找妈妈的过程。小蝌蚪在寻找妈妈的过程中，虽然闹出笑话，但他们在坚持不懈的努力下终于找到了自己的妈妈。该木偶剧运用了常见的黑白手套与其他辅助材料，制作小蝌蚪等角色，操作简单，体态形象；巧妙设计了多维的表演空间，生动地展现春天池塘的美景，有利于展示动物们在池塘游进游出的场景。鉴于该木偶剧所蕴含的教育价值，编写者提出几点建议。

1. **欣赏与思考。**引导语：“池塘里的蝌蚪们出生后先看到了谁？蝌蚪们在找妈妈的过程中遇见了哪几位妈妈？他们为什么会错把金鱼、螃蟹、乌龟当成自己的妈妈？他们最后找到自己的妈妈了吗？蝌蚪们的妈妈长什么样？”

2. **语言领域。**可引导幼儿欣赏中国第一部水墨画动画片《小蝌蚪找妈妈》或阅读绘本《小蝌蚪找妈妈》，理解故事的主要内容。结合该木偶剧的表演，引导幼儿尝试用不同的音色和变换语速模仿鸭妈妈、金鱼妈妈、螃蟹妈妈、乌龟妈妈与蝌蚪们的对话。

3. **艺术领域。**在美工区提供材料，引导幼儿利用手套、乒乓球、泡沫球、鹅毛等材料制作剧中的角色，并参与木偶剧表演。

4. **科学领域。**在自然角饲养小蝌蚪，提供“小蝌蚪变青蛙”的有关标本或图片，引导幼儿观察、记录和讨论小蝌蚪的生长过程。引导幼儿了解小蝌蚪、青蛙、鸭子、金鱼、乌龟和螃蟹的外形特征、生活习性。

5. **社会领域。**引导幼儿讨论：“蝌蚪们为什么要去找妈妈？他们感受到鸭妈妈对谁的爱？”引导幼儿感受妈妈的温柔和爱。引导幼儿思考："为什么蝌蚪们在寻找妈妈的过程中总是闹笑话，但最终找到了自己的妈妈？我们要学习蝌蚪们的什么精神？应该如何做？"

6. **社会实践活动。**在安全保障下，有条件的幼儿园可组织幼儿到小湖边观察小蝌蚪和青蛙。

7. **家园共育。**引导家长和幼儿一起欣赏该木偶剧，并利用手套、手工纸等制作剧中的角色，开展亲子木偶表演，让幼儿感受到家人的爱。鼓励亲子阅读绘本《小蝌蚪找妈妈》。

智取芭蕉扇

第　一　幕

场景：草地上有房子、火焰山

角色：唐僧、孙悟空、猪八戒、沙僧、施主

道具：扁担（挂着行李）、床、杯子、桌子、椅子、筋斗云

〔幕启。音乐响起，唐僧师徒四人出场。〕

唐僧：悟空，这天真是越来越热了，我实在走不动了，歇歇再走吧！

孙悟空：师父，你看前面有人家，我们去讨杯水喝。

猪八戒：太好了，有水喝，我们赶紧走吧！

〔师徒四人起身走向房子，敲门。施主从舞台左侧出场。〕

施主：原来是高僧，快请进来吧！

唐僧：现在是秋天，为什么还这么热？

施主：这里离火焰山近，所以一年到头都热，没有人能过得了那座山。

唐僧：这可如何是好？有什么办法能灭掉那火焰？

施主：在翠云山上有个芭蕉洞，洞里住着一位铁扇公主，她的芭蕉扇是个能灭火的宝贝。

孙悟空：哦，此话当真？

施主：千真万确！只是那铁扇公主脾气大得很，怕是不好借那扇子。

孙悟空：（得意地笑两声）五百年前，我与那牛魔王结拜，那铁扇公主是牛魔王的老婆，应该好说话的。待我去去就回。筋斗云，上！

〔孙悟空驾着筋斗云离开。其他角色退场。〕

第　二　幕

场景：翠云山芭蕉洞

角色：孙悟空、铁扇公主、婢女、牛魔王、猪八戒、沙僧

道具：金箍棒、剑、杯子、苍蝇、芭蕉扇、筋斗云

孙悟空：前面就是翠云山，俺老孙来也。

〔孙悟空从筋斗云上下来，在洞外喊。〕

孙悟空：嫂嫂，嫂嫂……

〔洞门向两边打开，铁扇公主和婢女从洞内走出。〕

婢女：是谁在此喧哗？（左看看，右看看）

孙悟空：（从旁跳出来）是我，我是来找铁扇公主借芭蕉扇的。

〔铁扇公主走出洞口，孙悟空转头走向铁扇公主。〕

孙悟空：嫂嫂，我是牛魔王的拜把兄弟，保护唐僧西天取经，要经过那火焰山，前来找嫂嫂借扇子一用，灭掉那山上的火焰。

铁扇公主：（上下打量孙悟空）是别人我还可以考虑考虑，借

你孙悟空，想都别想！你害我和我那红孩儿（哭泣声）一年都见不了两次面。哼！不借！

孙悟空：呵呵，嫂嫂，那红孩儿现在去观音菩萨那儿做了善财童子，你还得感谢我呢！

铁扇公主：你这猴头，不借就是不借，还不快走！

孙悟空：当真不借，那就别怪俺老孙了！

〔孙悟空拿起金箍棒，铁扇公主拿起剑，打斗一番。铁扇公主逃进洞内。〕

铁扇公主：快，快，关上洞门！

孙悟空：这可如何是好？有了！

〔孙悟空拔出一根猴毛，变身苍蝇，飞进芭蕉洞。洞内，铁扇公主坐在椅子上。〕

铁扇公主：和那猴头斗了这么久，累死我了，快给我上杯茶。

〔婢女递上茶水。苍蝇在洞内飞来飞去，配音“嫂嫂，嫂嫂”，说完钻进杯里。〕

铁扇公主：是谁？谁在说话？

〔铁扇公主左看右看，没找到人。举起杯子，将水一饮而下。〕

孙悟空：嫂嫂，我在这儿呢！

铁扇公主：在哪？快出来！

孙悟空：在这呢，我在你的肚子里。

〔音乐响起，铁扇公主抱着肚子叫喊。〕

铁扇公主：哎哟，哎哟，疼死我了，疼死我了，你，你快出来！

孙悟空：除非你把芭蕉扇拿出来，要不我今天就不出来了。

铁扇公主：哎哟，疼死我了，快，快把芭蕉扇拿出来！

〔婢女从一旁拿出芭蕉扇，孙悟空从铁扇公主肚子里出来，瞬间变回原形，接过扇子。〕

孙悟空：多谢多谢，俺老孙去也！

〔孙悟空跳上筋斗云。一团烟雾起，牛魔王现身，变身为猪八戒出场。〕

假猪八戒：猴哥，猴哥，等等我。

孙悟空：（回头）八戒，你来干什么？

假猪八戒：师父担心你，叫我前来帮助你。（转身去摸芭蕉扇）这就是芭蕉扇？还是老猪我来帮你拿吧！

孙悟空：快拿去吧，累死我了！

〔假猪八戒拿到芭蕉扇，一转身，烟雾起，变回牛魔王。〕

假猪八戒：哈哈，孙悟空，你看看我是谁！

孙悟空：啊？牛魔王，快把芭蕉扇还给我！

牛魔王：哈哈哈哈，哈哈哈哈——

〔牛魔王退场，声音越来越远。〕

孙悟空：唉，气死我了！

〔猪八戒、沙僧从舞台另一侧出场。〕

猪八戒、沙僧：大师兄，大师兄……

孙悟空：（转头，对着猪八戒一棒）呆子，还想骗我，快把芭蕉扇还给我。

猪八戒：猴哥，这是干吗？

沙僧：大师兄，不要着急，这是怎么回事？师父派我和二师兄前来帮你。

〔孙悟空围着八戒、沙僧转一圈。〕

孙悟空：哎，刚才那牛魔王变成八戒，将我的芭蕉扇骗走了。

猪八戒：敢变成我老猪的样子！走，找他要回来。

孙悟空：走走走，快走！

〔孙悟空、猪八戒、沙僧来到芭蕉洞门口。〕

孙悟空、猪八戒、沙僧：牛魔王、铁扇公主，快把芭蕉扇拿出来！

〔芭蕉洞门打开，牛魔王和铁扇公主走出来。〕

牛魔王：我当是谁呢？原来是弼马温，我的手下败将。哈哈哈哈——

孙悟空：（挠挠脑袋）嗤嗤嗤——啊！气死我了！吃俺老孙一棒！

〔音乐响起，牛魔王和孙悟空对打。〕

猪八戒、沙僧：大师兄，我们来帮你！

〔猪八戒、沙僧加入对打中。〕

牛魔王：哎哟——哎哟——大圣快饶了我。

〔铁扇公主拿着芭蕉扇出场。〕

铁扇公主：大圣，饶命啊！扇子，扇子送给你！

孙悟空：（接过芭蕉扇）早拿出来，不就没事了。

〔一阵烟雾起，牛魔王、铁扇公主一起退场。孙悟空扛着扇子和猪八戒、沙僧一起驾云而去。〕

第　三　幕

场景：房子

角色：孙悟空、猪八戒、沙僧、唐僧、施主

道具：芭蕉扇、雨滴

〔孙悟空、猪八戒、沙僧上场。〕

孙悟空、猪八戒、沙僧：师父，我们回来啦！

唐僧：快看，我的徒弟们回来了。

孙悟空：（拿出芭蕉扇）变！

〔孙悟空拿着芭蕉扇扇几下，随后，雨滴开始慢慢落下来。〕

施主：下雨啦，下雨啦！我们这里已经好久没有下雨了。

猪八戒：呵呵呵，还是猴哥有办法！

唐僧、沙僧：这下，我们可以过去了。

〔音乐响起，唐僧师徒四人继续前行，随音乐慢慢退场。〕

〔剧终。〕

故事来源：《西游记》（吴承恩/著），人民文学出版社 1980 年版。

【活动建议】

该木偶剧改编自经典名著《西游记》，通过跌宕起伏的故事情节让幼儿懂得要明辨是非，不怕困难，遇到困难时要懂得运用自己的聪明才智想办法解决。创设飞天遁地、打斗智取的生动场景，满足了幼儿想象和表演的需求。鉴于该木偶剧所蕴含的教育价值，编写者提出几点建议。

1. **欣赏与思考。**引导语："孙悟空用了什么办法借芭蕉扇？他借到了吗？铁扇公主为什么不借？孙悟空遇到了什么困难？他是如何解决的？最后的结果如何？如果是你，你会想出什么办法借芭蕉扇呢？"

2. **语言领域。**引导幼儿理解剧情，明白事件前后的因果关系、角色的性格特征及角色之间的关系，尝试理解角色内心的感受并用不同的语调表达。

3. **艺术领域。**在美工区提供材料，引导幼儿尝试制作表演需要的角色木偶和道具，并参与木偶剧表演。鼓励幼儿学习双人配合打斗等表演技巧。

4. **社会领域。**提问幼儿："你喜欢剧中的什么角色？为什么？师徒四人最后借到芭蕉扇了吗？为什么？"引导幼儿懂得辨别是非，知道要持之以恒，从失败中寻找原因，并努力克服困难。鼓励幼儿要像孙悟空师兄弟一样团结，共同克服困难。

狮子的喷嚏

场景：森林

角色：大树爷爷、狮子、猴子、小鸟、熊猫医生

道具：大烟囱、听诊器

〔幕启。音乐响起，众动物出场。〕

众动物：大树爷爷，您好！我们围着您做游戏吧！

〔众动物围着大树爷爷做游戏。〕

狮子：咳咳咳……狮子我，大鼻子，痒又痒，阿……阿……嚏！

〔众动物被狮子的喷嚏震得东倒西歪。〕

大树爷爷：哎哟，这是怎么了？我的老骨头都要散架了！

〔大树爷爷身体摇晃，同时散落手中的树叶；小猴被喷出去，翻了个大跟头后撞在树上。〕

猴子：哎哟，大树爷爷，是不是地震了？

大树爷爷：我也不太清楚。

小鸟：不是地震，是狮子打的大喷嚏。

大树爷爷：肯定是不锻炼身体，才会生病的。

狮子：真不好意思！我连累你们了，我向大家保证以后再不会有这样的事情发生了。

大树爷爷：那你可要天天锻炼身体才行。

狮子：我发誓，以后一定好好锻炼身体，不再打喷嚏影响大家了。

众动物：我们相信你一定能做到！

〔音乐响起，狮子开始锻炼。其他动物慢慢退场。〕

狮子：（唱）左三圈，右三圈，脖子扭扭，屁股扭扭，早睡早起，我们来做运动……哎呀，怎么鼻子又痒痒的？我不会又感冒了

吧？上次我已经打了个大喷嚏，把大家给吓到了。我可不能再打喷嚏了，得马上去看医生。

〔狮子走向熊猫医生家，敲门。〕

狮子：熊猫医生，你在家吗？

熊猫医生：咦，狮子先生，你大清早来找我有什么事吗？

狮子：我可能感冒了，最近老觉得鼻子痒痒的。熊猫医生，你快点帮我瞧瞧吧！

熊猫医生：让我听听你的心跳。（拿起听诊器在狮子胸前听了听）没有什么不好啊！再把嘴巴张开，让我看看。

狮子：（张嘴）啊——

熊猫医生：狮子先生，你很健康，没有生病。

狮子：哦，那我鼻子里怎么会痒痒的？

熊猫医生：可能是鼻子过敏，你注意一下，多呼吸新鲜空气，很快就会好的。

狮子：好的，那谢谢你了！

熊猫医生：不用谢！

狮子：怎么可能呢？我又没有去闻其他的东西，怎么会鼻子过敏呢？阿……阿……空气里好像有一股怪味道？

〔小鸟从舞台右侧出场，猴子从舞台左侧出场。狮子捂着鼻子，抬头看见小鸟。〕

小鸟：嗯，我知道是怎么一回事！树林外面的工厂，每天冒出来各种颜色的烟，呛死人了！我刚从那边飞过来。我的羽毛原来是雪白雪白的，现在却成了灰色的。气死我了！

狮子：哦，原来是这么一回事呀！怪不得我的鼻子总是痒痒的，老想打喷嚏。

猴子：狮子先生，你是不是又想打喷嚏了？

狮子：我……会……尽量……忍住……的，阿……阿……阿嚏！

大树爷爷：又怎么了？我的胳膊都快要断掉了！

熊猫医生：哎哟，我爬不起来了，谁来帮帮我？（猴子扶起熊猫医生）

狮子：对不起大家了！看来，我是不能待在这个地方了，我要去找一个没有怪味道的地方，在这里会影响大家。

熊猫医生：狮子先生，你别走，真正影响大家的不是你。

狮子：不行，我留下来会连累大家的。

熊猫医生：不会的，这是工厂里冒出的黑烟影响了我们清洁的生活环境，和你没有任何关系。

猴子：我们让工人改造工厂的设备，这样大烟囱就不会冒出黑烟了。

熊猫医生：这个办法不错！我们一起去。

众动物：好！大家一起去！

旁白：工人改造了设备，大烟囱再也不会冒黑烟了！动物们又可以呼吸到新鲜的空气了！

〔欢快的音乐响起，落幕。〕

〔剧终。〕

故事来源：网络童话故事《狮子的喷嚏》。

【活动建议】

该木偶剧以狮子不小心打喷嚏引发森林“小地震”这一生动有趣的情节开场，描写了森林里动物间互相关心、一起想办法保护环境的故事。鉴于该木偶剧所蕴含的教育价值，编写者提出几点建议。

1. 欣赏与思考。引导语：“森林里，谁打了喷嚏？谁受到了影响？大家建议狮子做什么事？狮子为什么会打喷嚏？狮子真的生病了吗？为什么狮子会鼻子过敏？大家发现了一件什么事情？为什么小鸟的羽毛会变灰？周围的空气变得如何？大家一起想了什么办法？结果如何？”

2. **语言领域。**引导幼儿说说狮子打了几次喷嚏、是什么原因引起狮子打喷嚏。

3. **艺术领域。**引导幼儿利用纸盘、布料等材料制作布袋木偶，并表演木偶剧。

4. **科学领域。**引导幼儿观察和探究动植物、空气、水资源与人们生活的关系。

5. **社会实践活动。**组织大班幼儿进行社会调查“身边的环境”，观察记录周边受污染的环境，分析原因，并提出解决的方法。

6. **家园共育。**请家长和幼儿一起欣赏该木偶剧，引导幼儿一起制订“家庭环保公约”，严格要求自己不乱扔垃圾，自觉保护周边环境。

鼠小弟和音乐会

场景：森林

角色：鼠小弟、企鹅、小猫、长臂猿、狮子、大象

道具：小号、铜钹、手风琴、小提琴、钢琴

〔幕启。快乐的音乐响起，鼠小弟出场。〕

鼠小弟：（开心地）啦啦啦啦啦！我是爱音乐的鼠小弟！

〔鼠小弟往前走。企鹅拿着小号出场。〕

鼠小弟：哟！那不是企鹅先生吗？他还拿着什么呢？你好，企鹅先生！

企鹅：（笑眯眯）你好呀，鼠小弟！我正好要去找你呢！

鼠小弟：企鹅先生，你找我有什么事情吗？

企鹅：（拿出手里的小号）鼠小弟，我要办场音乐会，你来吹小号，好不好？

鼠小弟：好吧，我试试！

〔鼠小弟从企鹅先生手里接过小号，用力吹。〕

鼠小弟：企鹅先生，不行啊，我不会吹！

企鹅：鼠小弟，加油！你长得小，只有小号适合你，好好练习吧！再见！

〔企鹅退场。鼠小弟拿起小号继续吹，“噗、噗、噗”的声音响起。小猫拿着铜钹出场。〕

小猫：哈哈哈，鼠小弟，你连这个都不会吹！

鼠小弟：猫哥哥，我们换一换，行吗？

小猫：不行，我喜欢这个铜钹。敲起来，可好听了，你听！

〔小猫拿着铜钹用力敲了起来，鼠小弟听到铜钹“锵、锵、锵”的声音，吓得赶紧跑。〕

鼠小弟：（用手捂住耳朵）这声音太可怕了，我不喜欢！

〔小猫退场。长臂猿拿着手风琴出场。〕

鼠小弟：（笑眯眯）你好，长臂猿先生！我用小号和你换手风琴，行不行？

长臂猿：当然可以和你换。可是，没有长胳膊可拉不了手风琴呀！你瞧！

〔长臂猿拉起了手风琴。鼠小弟看到长臂猿用长长的手拉着手风琴，摇了摇头。〕

鼠小弟：真没办法！这个乐器不适合我，我再去找找别的乐器吧！

〔长臂猿退场。拿着小提琴的狮子出场。〕

鼠小弟：（笑眯眯）你好，狮子大哥！我用小号和你换小提琴，行不行？

狮子：你好，鼠小弟！拉小提琴没有结实的下巴可不行！不信，你瞧！

〔狮子拉起了小提琴。鼠小弟看到狮子用坚硬的下巴顶住小提琴，深情地拉着曲子。〕

鼠小弟：唉，小提琴也不适合我！怎么办呢？我可不能放弃呀！可是，像我这样的小家伙，也许根本没办法玩乐器吧！

〔狮子退场。钢琴声响起，大象正在花丛边弹着钢琴。鼠小弟走了过去，羡慕地看着大象。〕

鼠小弟：你好，大象先生！你这么高大，弹钢琴可真合适，真好呀！

大象：你好，鼠小弟！其实一点也不合适，我的手太大了，没办法弹出优美的歌曲！

鼠小弟：（兴奋地跳到钢琴上）对了，我有个好主意！我用小号和你的钢琴换一换，你的力气大，鼻子长，可以用小号吹出美妙的声音！我喜欢跳舞，我可以在琴键上跳出优美的旋律！

〔大象笑眯眯地接过小号，用鼻子吹了两下。〕

大象：太棒了，这声音可真好听！鼠小弟，你的办法真好！

鼠小弟：（高兴得跳起来）大象先生，现在让我们一起来练习曲子，准备参加企鹅先生的音乐会吧！

〔欢快的音乐响起，大象和鼠小弟一起演奏曲子。〕

企鹅：伙伴们，音乐会马上就要开始了，让我们把美妙的音乐演奏起来吧！

〔交响乐响起，在企鹅的指挥下，动物们各自演奏自己的乐器。〕

鼠小弟：小朋友们，做自己喜欢、适合自己的事情，才是最快乐的！

〔动物们开心地演奏乐器，森林里到处洋溢着优美的旋律和欢乐的气息。〕

〔剧终。〕

故事来源：《鼠小弟和音乐会》（〔日〕中江嘉男/文，〔日〕上野纪子/图），南海出版公司 2010 年版。

【活动建议】

该木偶剧以鼠小弟寻找适合自己的乐器参加音乐会为主要线索。虽然吹不响小号，但鼠小弟没有放弃，坚持不懈地寻找适合自己的乐器，而且还帮助了同伴，最后一起快乐地参加了音乐会。鉴于该木偶剧所蕴含的教育价值，编写者提出几点建议。

1. **欣赏与思考。**引导语："鼠小弟要去参加谁的音乐会？企鹅请鼠小弟演奏什么乐器？鼠小弟能吹响小号吗？为什么？鼠小弟要和哪些同伴换什么乐器？同伴们愿意吗？他们是怎么对待鼠小弟的？鼠小弟在寻找适合自己的乐器的过程中遇到了什么问题？他找到适合自己的乐器了吗？结果如何？"

2. **语言领域。**引导幼儿模仿剧中角色的语言和动作，表现各自的性格特征。在阅读区提供绘本《鼠小弟和音乐会》，引导幼儿阅读讲述。

3. **艺术领域。**结合该木偶剧，引导幼儿说说自己认识哪几种乐器、它们是什么样子的、会发出什么声音。

4. **社会领域。**引导幼儿想想自己能干什么、自己愿意坚持的喜欢的事是什么、自己有什么长处，让幼儿懂得找到自我，发现自己的优点和不足，愿意坚持做自己喜欢的、适合自己的事情，懂得学习别人的优点，不嘲笑别人的缺点。

5. **社会实践活动。**可带领幼儿参加音乐会等活动，鼓励幼儿大胆展示自己的特长，提高幼儿感受美、表现美的能力。

6. **家园共育。**开展专题家庭教育指导活动，引导家长为幼儿选择兴趣活动时，要尊重幼儿的意愿，让幼儿选择适合自己的、喜欢的、感到快乐的活动。

米菲的旅行

场景：现代机械化生产的农田、海底世界、森林

角色：米菲、农民伯伯、小熊、潜水艇、小青蛙、小蜻蜓

道具：小鱼、大火箭模型、小火箭模型

〔幕启。音乐响起，米菲出场。〕

米菲：大家好，我叫米菲，我是一支神奇的笔，能帮助大家实现各种愿望。

〔农民伯伯出场。〕

米菲：咦，是什么声音？

〔米菲东瞧瞧西望望，看到农民伯伯。〕

米菲：农民伯伯好辛苦啊，我想去帮帮他们。农民伯伯，您辛苦啦！我想画一把锋利的锄头给您，让您快快锄草。

农民伯伯：（摇了摇头）谢谢你，我们现在不用锄头了。

米菲：那我画一头耕牛送给您，让它帮您耕地。

农民伯伯：（摇了摇头）锄头、耕牛，这些已经被我们淘汰了，现在是新时代，我们种地都机械化啦！（退场）

米菲：（感叹道）现在的人们神通广大，我好像派不上用场了。外面的世界是什么样子的呢？我想去看看。

〔小熊出场，垂头丧气地走了过来。〕

小熊：大海是什么样子的呢？

米菲：小熊，你好！你怎么啦？需要我帮忙吗？

小熊：我有一个梦想，想去看看大海，可是我不会游泳。

米菲：别着急，看我的，让我来帮你实现愿望吧！

旁白：米菲画了个圈，小熊就像被施了魔法一样，变成了一条鱼。

〔小熊变成了一条鱼。〕

小熊：哇，我居然变成一条鱼啦！米菲，你真是太神奇了！

米菲：现在，我们一起去大海里游玩吧！

小熊：谢谢你！我们出发吧！

〔欢快的音乐响起。〕

旁白：（变身的音效）转眼间，米菲也变成了小鱼。

小熊：米菲，快看，前面有一艘船！

米菲：我们游过去看看。

小熊：小船，小船，你怎么沉到海里了呢？

潜水艇：（机器启动的声音）你们好，我的名字叫潜水艇，我跟小船可不一样呢！

小熊：可是你长得跟船很像。

潜水艇：我的功能可多了，是海军叔叔的好帮手。你瞧，我有潜望镜，能观察海面上的情况，我还有机械臂，能观察海里的生物。

小熊：哇，这太厉害了！

潜水艇：你们快坐上来，我带你们去海底看看。

米菲：原来现在的科技这么厉害了啊，真了不起！

〔欢快的音乐响起，潜水艇和小熊退场，场景慢慢地更换成森林。〕

米菲：能帮小熊实现他的愿望，真是太开心啦！我要继续去帮大家实现愿望。

〔音乐响起，小青蛙从舞台左侧出场。〕

米菲：咦，前面的小青蛙低着头在做什么呢？

小青蛙：（自言自语，手里拿着小火箭模型）我要是能去太空看看就好了。

米菲：小青蛙，你好！让我来帮你实现这个愿望吧！

小青蛙：（用期待的眼神看着）太好了，谢谢你！

〔米菲又画了个圈。〕

小青蛙：咦，怎么没有反应呢？

米菲：让我再试试。

〔米菲试了几次，还是没有反应，号啕大哭起来。〕

米菲：我的魔法怎么不见了呢？呜呜——小青蛙，我不能帮你实现愿望了。

〔小蜻蜓出场。〕

小蜻蜓：你怎么了，为什么哭呀？

米菲：我的魔法不见了，没办法帮小青蛙实现去太空看看的愿望。

小蜻蜓：别担心，我们国家发射了“天和”核心舱，这样我们就能在太空上拥有一座属于自己的新房子啦！

米菲：太好啦，这样小青蛙的愿望就可以实现啦！

小青蛙：小蜻蜓，小蜻蜓，那你快带我们去看看吧！

小蜻蜓：快看，就在那里！（大火箭模型出现在舞台中央）

米菲、小青蛙：真是太棒啦！我们祖国的科技越来越强大啦！

小蜻蜓：那我们一起坐火箭出发吧！

米菲、小青蛙、小蜻蜓：5、4、3、2、1，发射！

〔音乐《歌唱祖国》响起，落幕。〕

〔剧终。〕

【活动建议】

该木偶剧通过米菲帮助伙伴实现愿望，展现了中国的巨大发展变化，如陆地有现代化农业、海底有潜水艇、天上有“天和”核心舱等。鉴于该木偶戏剧所蕴含的教育价值，编写者提出几点建议。

1. **欣赏与思考。**引导语：“米菲在旅行时，遇到了谁？米菲想帮助他们实现什么心愿？结果发生了什么事情？米菲发现外面的世界有哪些变化？”

2. **科学领域。**引导幼儿关注社会新闻，了解祖国现代科技发展，认识农业、潜水艇、火箭、“天和”核心舱中现代化科技的特征和用途。

3. **语言领域。**引导幼儿熟悉并模仿木偶剧中的角色对话。

4. **艺术领域。**提供纸箱、电线、电池、彩色纸、无纺布等材料，引导幼儿制作剧中的道具，并参与木偶剧表演。

5. **社会领域。**引导幼儿学习米菲乐于助人的精神。

6. **社会实践活动。**组织幼儿参观科技馆，了解祖国的科技创新成果。

7. **家园共育。**建议家长和幼儿一起欣赏该木偶剧，引导家长尊重幼儿的想法，鼓励幼儿大胆创新。

小蜗牛的太空梦

第　一　幕

场景：中国航天研究中心

角色：小蜗牛、大象

道具：飞船

〔幕启。轻柔的音乐响起，蜗牛出场。〕

小蜗牛：（开心地）我是一只爱运动的小蜗牛，跑步、爬山我第一！我的好朋友大象博士最近研制出了“神舟号”飞船，我的太空梦终于可以实现了！我这就去找他！

〔欢快的音乐响起，大象博士带着“神舟号”飞船出场。〕

小蜗牛：你好，大象博士！

大象：你好，小蜗牛！这是“神舟号”飞船。

小蜗牛：（兴奋地）哇，太漂亮了！谢谢大象博士！

大象：不客气！小蜗牛，祝你太空旅行愉快哟！

〔小蜗牛走进“神舟号”飞船，向大象博士点了点头。〕

小蜗牛：再见，大象博士！（退场）

大象：再见，小蜗牛！希望你平安归来！（退场）

第　二　幕

场景：太空、草丛、树林

角色：小蜗牛、太空水母、火星蛇、火星虫、火星蛙

道具：火星树、火星草、地球灯、月球灯、太阳灯、太空云、

火星网、太空星星

〔神秘的音乐响起，小蜗牛坐上“神舟号”飞船成功来到了火星上。“嘭”的一声巨响，把住在火星上的太空水母、火星蛇、火星虫、火星蛙给吵醒了。他们走到飞船旁边，瞧了瞧。小蜗牛从里面走了出来。〕

众太空动物：咦，你是谁呀？怎么来到了我们火星上呀？

小蜗牛：你们好！我是来自地球的小蜗牛。

太空水母：你好！我是太空水母。

火星蛇：我是火星蛇。

火星蛙：我是火星蛙。

火星虫：我是火星虫。

小蜗牛：很高兴认识你们！这里的树和花真美呀！

火星虫：这是火星树，它的花不仅会发光，还会散发各种香味。这是火星草，它可以变换出各种颜色。

小蜗牛：哇，太神奇啦！

火星蛇：我们带你去参观一下太空吧！

火星蛙：这颗晶莹剔透的行星，就是你们的地球。

小蜗牛：地球在太空上可真美呀！

太空水母：这颗白色的卫星，就是月亮。

小蜗牛：原来月亮比地球小呀！

火星虫：这颗红红的恒星，就是太阳。它身上都是火，我们不能离它太近，不然会被烧焦的。

〔随着一声“轰隆隆”的巨响，刮起了一阵大风，太空云来了。〕

太空水母：不好了，太空云来了，我们赶紧回去吧！

〔可是小蜗牛太轻了，一下子就被太空云给困住了。〕

小蜗牛：救命呀！

太空水母：糟糕，小蜗牛被太空云卷走了！我们赶紧去救他！

火星蛙：嗯，我们赶紧用火星网把他救回来！

〔火星蛙、火星虫赶紧用火星网将小蜗牛成功救了回来。〕

小蜗牛：谢谢你们救了我！

众太空动物：不客气！

小蜗牛：时间过得真快，我得回去了。

太空水母：认识你真高兴！

火星蛇：这颗太空星星送给你！

小蜗牛：哇，好美呀！谢谢你们！再见！也欢迎你们来地球找我玩哟！

众太空动物：再见！

〔小蜗牛走进“神舟号”飞船，向太空动物们挥手再见。〕

第　三　幕

场景：中国航天研究中心

角色：小蜗牛、大象

道具：飞船、太空星星

〔“神舟号”飞船成功抵达地球，小蜗牛从飞船走了出来，大象博士出来迎接他。〕

小蜗牛：大象博士，摘星星的小蜗牛回来啦！

大象：小蜗牛，恭喜你平安回来！

小蜗牛：谢谢你，大象博士！多亏了你，我才能够实现太空梦。这次太空旅行让我认识了很多火星上的朋友，瞧，这是他们送给我的太空星星！送给你！

大象：哇，太漂亮了！谢谢你！

小蜗牛：不客气！小朋友们，你们想不想遨游太空呢？让我们从现在开始，好好学习，好好锻炼身体，将来成为一名航天员，一起探索太空的秘密吧！

〔开心的音乐响起，到处洋溢着欢乐的气息。〕

〔剧终。〕

【活动建议】

该木偶剧中的小蜗牛乘坐大象博士研发的“神舟号”飞船遨游太空，开启了一场神奇的太空之旅。鉴于该木偶剧所蕴含的教育价值，编写者提出几点建议。

1. **欣赏与思考。**引导语：“谁想上太空？他能到太空吗？为什么？小蜗牛在太空遇到了谁？太空中有什么？发生了一件什么意想不到的事？结果如何？小蜗牛能回到地球吗？为什么？他告诉大家要遨游太空需要做到什么？”

2. **科学领域。**利用该木偶剧的场景，结合有关太空的视频或图片，引导幼儿认识恒星、行星，初步了解太阳、地球、火星的特征，激发幼儿探秘太空的兴趣。

3. **语言领域。**引导幼儿学习该木偶剧中的角色对话，掌握描述太阳、地球等特点的句子。在阅读区提供绘本《太空旅行记》《飞船升空了》《我想去太空》《你好！空间站》《我们的太空》等，引导幼儿阅读讲述。

4. **社会实践活动。**利用春秋游或假日组织幼儿参观科技馆，探索宇宙的奥秘。

5. **家园共育。**引导家长和幼儿一起欣赏该木偶剧。有条件的家长可为幼儿提供有关太空的图书、视频等，激发幼儿探秘太空的兴趣。

咕 噜 牛

场景：桌面创设成木偶台，前面布置森林背景，有大树、小草、花、蘑菇、松果；台上布置小河、湖、小桥、木头堆、石头等；夜晚景色的背景图

角色：老鼠、狐狸、猫头鹰、蛇、咕噜牛

〔幕启。狐狸靠在石头边，老鼠出场。柔美的音乐响起，夜幕降临。〕

老鼠：叽叽叽叽，叽叽叽叽，我是可爱的小老鼠，天黑出门我不怕。东瞧瞧西看看，肚子开始"咕咕"叫。唉，哪里有好吃的呀？

狐狸：亲爱的小老鼠，你要上哪儿啊？进来吃顿饭吧，树底下就是我的家。

老鼠：哦，狐狸，你太客气了！可是很抱歉，咕噜牛约我吃饭，一会儿就见面。

狐狸：咕噜牛？咕噜牛是谁啊？

老鼠：咕噜牛就是咕噜牛！怎么，你连这也不知道？他有可怕的獠牙、可怕的爪子，可怕的嘴里长满了可怕的牙齿！

狐狸：你们要在哪儿见面？

老鼠：就在这块岩石旁边。烤狐狸这个菜他最喜欢！

狐狸：烤狐狸？对不起，小老鼠！我还有事要先走！

〔狐狸退场。〕

老鼠：这只狐狸真是蠢！什么咕噜牛！难道他不知道咕噜牛根本就没有？

〔柔美的音乐响起，猫头鹰出场。〕

猫头鹰：亲爱的小老鼠，你要上哪儿啊？上来喝杯茶吧，树洞

那儿就是我的家。

老鼠：哦，猫头鹰，你太好心啦！可是很抱歉，咕噜牛约我来喝茶，一会儿就见面。

猫头鹰：咕噜牛？咕噜牛是谁啊？

老鼠：咕噜牛就是咕噜牛！怎么，你连这也不知道？他的膝盖特别鼓，脚趾叉得特别大，鼻头上的毒瘤特可怕！

猫头鹰：你们要在哪儿见面？

老鼠：就在这条小河边，油炸猫头鹰这个菜他最喜欢！

猫头鹰：油炸猫头鹰？对不起，小老鼠！我还有事要先走！

〔猫头鹰退场。〕

老鼠：这只猫头鹰真是蠢！什么咕噜牛！难道他不知道咕噜牛根本就没有？

〔柔美的音乐响起，蛇出场。〕

蛇：亲爱的小老鼠，你要上哪儿啊？进来喝杯酒吧，木头堆里就是我的家。

老鼠：哦，蛇，你太热情啦！可是很抱歉，咕噜牛约我来喝酒，一会儿就见面。

蛇：咕噜牛？咕噜牛是谁啊？

老鼠：咕噜牛就是咕噜牛！怎么，你连这也不知道？他有黄澄澄的眼睛、黑舌头，紫色的倒刺长满在他背后！

蛇：你们要在哪儿见面？

老鼠：就在这个湖旁边，炒蛇肉这个菜他最喜欢！

蛇：炒蛇肉？对不起，小老鼠！我还有事要先走！

〔蛇退场。〕

老鼠：这条蛇真是蠢！什么咕噜牛！难道他不知道咕噜牛根本就……

〔恐怖的音乐响起，咕噜牛出场。老鼠一转头，看到咕噜牛站在身后。〕

老鼠：哦，不，不，不！救命啊！怎么真有……怎么真有……

咕噜牛？

咕噜牛：我最爱吃小老鼠，弄个老鼠汉堡，味道肯定非常好！

老鼠：味道好？你先别说我味道好！有件事情，恐怕你还不知道。

咕噜牛：哼，森林里还没有什么事情是我咕噜牛不知道的，赶快说来听听！

老鼠：其实在这森林里，大家都怕我。不信，你跟我到森林里走一圈看看他们见了我是不是全都吓跑了。

咕噜牛：哈哈哈……真是新鲜！今天我倒要开开眼界！如果你骗我，我就把你做成老鼠汉堡吃了。

老鼠：我怎么会骗你？咱们走吧！

咕噜牛：那就出发吧！你在前面走，我跟在你后面瞧。

〔恐怖的音乐响起，小老鼠和咕噜牛一小一大往前走。走了一会儿，咕噜牛忽然停下。〕

咕噜牛：草丛里面“嘶嘶”响，你可知道那是啥？

老鼠：一定是那条蛇在爬。蛇啊蛇，你好！

〔蛇出场，躲在草丛里抬起头，把咕噜牛瞧了瞧。〕

蛇：哦，我的天啊！我得赶紧把命逃！

〔蛇退场。〕

老鼠：看见没有？大家见我都逃跑！

咕噜牛：这事还真是有点儿怪！

〔猫头鹰出场，飞到树上。〕

咕噜牛：树梢顶那儿“咕咕”响，你可知道那是啥？

老鼠：一定是那只猫头鹰在叫。猫头鹰，你好！

〔猫头鹰出场，把咕噜牛瞧了瞧。〕

猫头鹰：哦，我的妈呀！我得赶紧把命逃！

〔猫头鹰退场。〕

老鼠：看见没有？大家见我都逃跑！

咕噜牛：你还真是不得了！

咕噜牛：前面路上“啪啦”响，你可知道那是啥？

老鼠：一定是那只狐狸。狐狸，你好！

〔狐狸出场，把咕噜牛瞧了瞧。〕

狐狸：哦，救命啊！我得赶紧把命逃！

〔狐狸退场。〕

老鼠：看见没有，咕噜牛？他们个个见了我，全都吓得赶紧逃！溜达了半天，我的肚子早饿啦！听说咕噜牛肉很不错，我倒真想尝尝它！

咕噜牛：咕噜牛肉，老天爷啊！这老鼠太可怕啦！（转身就逃）

老鼠：哈哈哈哈……多亏了我机智的头脑、勇敢的心呀！不然我就成了你们的美餐了。我是只可爱的小老鼠，只想吃点松果填肚子。哇，是松果，我摘点回家和爸爸妈妈一起分享吧！

〔剧终。〕

故事来源：《咕噜牛》（〔英〕茱莉亚·唐纳森/文，〔德〕阿克塞尔·舍夫勒/图，任溶溶/译），外语教学与研究出版社 2018 年版。

【活动建议】

该木偶剧用夸张的桌面偶形式，演绎了一只出去找食物的小老鼠，先后遇见了狐狸、猫头鹰、蛇和咕噜牛，每只动物都想把他吃掉，可他用自己的机智成功逃脱的故事。富有想象力的情节充满了惊险，也成功塑造了一个冷静勇敢、随机应变的动物形象。鉴于该木偶剧所蕴含的教育价值，编写者提出几点建议。

1. **欣赏与思考。**引导语：“天黑了，小老鼠想出去做什么？他遇见了谁？发生了什么事？小老鼠怎样应对危机？森林里真的有咕噜牛吗？当大家都想吃掉小老鼠时，他用了什么办法？能否成功逃脱？为什么？当真的咕噜牛出现时，小老鼠是怎么应对的？结果如何？”

2. **语言领域。**学习剧中反复出现的主要角色对话，理解角色间的关系；用不同的语调表现各动物不同的心理和情绪的变化。阅读绘本《咕噜牛》，引导幼儿仔细观察绘本画面的变化、动物的神态和动作，能用清楚的语言讲出主要情节和动物的心理活动。在阅读区提供《狐假虎威》等经典绘本供幼儿阅读，帮助幼儿进一步理解“借势”“智取”。

3. **艺术领域。**引导幼儿想象创作“咕噜牛”。利用一次性拖鞋、无纺布等材料创作戏剧中的角色造型，并参与木偶剧表演。

4. **社会领域。**结合该木偶剧，引导幼儿辩论“狐假虎威”对与不对，让幼儿学会思考有些计策在哪些情况下运用是对的或不对的，要学会明辨是非，巧用计策对待坏人或解决问题。

5. **家园共育。**引导家长与幼儿一起欣赏该木偶剧，利用废弃盒子、一次性拖鞋、碎布等制作简单的木偶角色，开展亲子木偶表演活动。

神奇的糖果店

场景：森林、糖果店店面

角色：大象、小猪、小兔、小鸟、小猪变成的大灰狼（以下称“小猪狼”）、大灰狼

道具：红色、黄色、蓝色、绿色的糖果，石头，草丛

〔幕启。森林里，大象开着一间神奇糖果店。〕

旁白：大象伯伯开了一家糖果店，糖果店里卖着各种神奇的糖果，有黄色的、绿色的、红色的、蓝色的。小动物们到糖果店买糖果，开启了神奇之旅！

〔小兔和小猪出场，看见了糖果店。〕

小兔：大象伯伯，糖果店有什么样的糖果啊？

大象：这里的糖果，含在嘴里就会发生神奇的事情。来，这颗黄色的糖果，你试试看。

小兔：真……真的吗？

〔小兔含着糖果，什么神奇的事儿也没有发生。〕

小兔：大象伯伯，这哪是神奇糖果啊？

大象：这块石头，你来举举看。

小兔：这么大的石头，我搬不动。

〔小兔一边说，一边走过去试着搬动石头，轻松地搬起了石头。〕

小兔：哇，真厉害啊！真的是神奇糖果啊。

大象：没骗你吧，这一颗是大力士糖果。接下来这颗红色糖果，可真是不得了啊！谁想试试这颗红色糖果？

小猪：我来试试，我来试试！

〔小猪含着糖果，竟变成了大灰狼。〕

大象：怎么样，这颗糖果很厉害吧？

小猪狼：哇，真厉害！大象伯伯，请再给我三颗红色糖果吧！

〔大象伯伯给了小猪三颗红色糖果。〕

小猪狼：谢谢您！（想了想）好嘞，来一场恶作剧吧！

〔拉上二道幕，撤下糖果店场景。大象、小兔退场。〕

小猪狼：嘿嘿嘿——我是大灰狼！嘿嘿嘿——我要吃了你们！

〔小鸟、小兔出场。〕

众小动物：吓死了！大灰狼来了！

〔小动物们边喊边逃，退场。〕

小猪狼：（小声地自言自语）嘿嘿嘿，他们没有认出我，以为我真是大灰狼。

〔就在这时，一只真的大灰狼从树后跳了出来。〕

大灰狼：不行，不行，太差劲儿了！像你这样，别说兔子，连老鼠都抓不住！

小猪狼：那……那该怎么做啊？

大灰狼：跟我来，我教你。

小猪狼：请……请多多关照！

〔小猪狼嘴上这样说着，身体却吓得发抖，想赶快逃跑。〕

大灰狼：咦，怎么有小猪的气味？

小猪狼：是吃起来很香的那种气味。

大灰狼：是从这儿发出来的，是从这儿……这家伙有一股小猪的气味。嘿嘿嘿，抓住他了。

〔糖果失效了，小猪狼因为气味被发现了。小猪变回了原来的样子。〕

小猪狼：这下完了！神奇糖果失效了！

〔小鸟出场。〕

小鸟：小猪，小猪，快点吃下这颗黄色糖果！

〔小猪吃了糖果变成了大力士，高高地举起了石头向大灰狼砸去。〕

大灰狼：救命啊！

〔大灰狼大喊着退场。〕

小猪：你怎么来了？

小鸟：大象伯伯见你还没回去，就叫我来看看，还让我带了一颗黄色糖果给你，原来你真的遇到危险了。

小猪：多亏了你！这糖果真的很神奇，很厉害！不过，还是普通的糖果好啊！

〔剧终。〕

故事来源：《神奇糖果店》（〔日〕宫西达也/文、图，朱自强/译），河北教育出版社 2019 年版。

【活动建议】

每个孩子都希望自己有独特的魔法。该木偶剧为幼儿喜欢的糖果赋予了神奇的大力士魔法。从大象那里知道吃了不同颜色的糖果有不一样的神奇变化后，顽皮的小猪变成大灰狼想去吓唬伙伴，却误打误撞遇到了真的大灰狼。后来小猪却因糖果魔法失效，恢复了自身的气味，被大灰狼发现。在危险即将发生时，伙伴不计前嫌，带来了神奇的大力士糖果，让小猪瞬间变得力大无穷，赶走了大灰狼。鉴于该木偶剧所蕴含的教育价值，编写者提出几点建议。

1. **欣赏与思考。**引导语：“大象开了一间什么店？为什么说是神奇糖果店？有哪些颜色的糖果？吃了什么颜色的糖果，会发生什么神奇的事情？小猪喜欢哪种颜色的糖果？为什么？结果发生了什么事情？最后小猪逃脱了吗？他是怎样逃脱的？”

2. **科学领域。**结合该木偶剧，引导小班幼儿认识四种颜色的名称，并寻找生活中四种颜色的物品。

3. **语言领域。**引导幼儿欣赏该木偶剧，并学习剧中的角色对话；提供绘本《神奇糖果店》，引导幼儿正确翻阅绘本，理解绘本的主要情节，懂得画面与画面之间的情节过渡。

4. **社会领域。**结合该木偶剧，引导幼儿懂得同伴遇到困难时要主动帮忙。

5. **家园共育。**引导家长与幼儿一起欣赏该木偶剧。

神奇的海绵宝宝

场景：海绵王国、草地、大海

角色：海绵宝宝、海绵球球、海绵方方、海绵滚滚、毛毛虫、鳄鱼、飞龙、泡泡先生

道具：蛋壳、云团、滑梯、救护车、泡泡器、花丛

〔幕启。有一个海绵宝宝随着音乐快乐地舞动着。〕

海绵宝宝：我是一个快乐的海绵宝宝。我喜欢跟大家玩“捉迷藏”的游戏。我喜欢在水里游泳，在水里我的身体会慢慢地变胖、变大，真好玩！外面的世界会是什么样子的呢？

〔淘气的海绵宝宝把自己变成了一粒小弹球，弹了出去，跳一跳、蹦一蹦、滚一滚，在海绵王国里绕了一圈，在草地上遇到了几个海绵球球。〕

海绵宝宝：嗨！你们好！你们是谁呢？

众海绵球球：你好！我们是海绵球球。

海绵宝宝：海绵球球，你们好！

〔海绵宝宝和海绵球球们碰一碰，马上成为好朋友。〕

众海绵球球：一个球、两个球、三个球，变变变！

〔一个一个的球钻过长长的蛋壳，变成了一条毛毛虫慢慢地爬出来，在绿油油的草地上欢快地爬来爬去。音乐响起，淘气的海绵宝宝绕了两圈，在大海里遇到了几个海绵方方。〕

海绵宝宝：嗨！你们好！你们是谁呢？

众海绵方方：你好！我们是海绵方方。

海绵宝宝：海绵方方，你们好！

〔海绵宝宝和海绵方方们碰一碰，马上成为好朋友。〕

众海绵方方：一个方形、两个方形、三个方形，变变变！

〔一块一块的方形海绵，在水草里钻来钻去，慢慢变成一条大鳄鱼，在美丽的大海里自由自在地游来游去。音乐响起，淘气的海绵宝宝绕了三圈，遇到了几个海绵滚滚。〕

海绵宝宝：嗨！你们好！你们是谁呢？

众海绵滚滚：你好！我们是海绵滚滚。

海绵宝宝：海绵滚滚，你们好！

〔海绵宝宝和海绵滚滚们碰一碰，马上成为好朋友。〕

众海绵滚滚：一个滚筒、两个滚筒、三个滚筒，变变变！

〔一节一节的滚筒状海绵慢慢变成了一条飞龙，快乐地飞来飞去。〕

旁白：淘气的海绵宝宝在海绵王国里变来变去。一个方形、两个方形，再加一块三角形，变！变成了一座滑梯，泡泡先生爬上来、滑下去。

海绵宝宝：哎呀！不好了，泡泡先生摔倒了。

〔淘气的海绵宝宝变成了一辆救护车，带着泡泡先生去医院了。〕

泡泡先生：海绵宝宝，我已经好了，谢谢你！

海绵宝宝：不用谢！泡泡先生，我们一起去玩吧！

〔淘气的海绵宝宝跳来跳去。〕

众海绵：太好玩了，太好玩了！我们是快乐的海绵家族！

〔《海绵宝宝》主题曲响起，用泡泡器打出泡泡渲染氛围，众海绵宝宝快乐舞蹈。〕

〔剧终。〕

【活动建议】

海绵是幼儿生活中常见、常用的物品。洗手、洗澡……处处可见不同形状、颜色、功能的海绵。该木偶剧以幼儿的童真视角赋予海绵新的生命，海绵宝宝在快乐的游戏中，不断遇见不同形状的同伴，引出新的角色。鉴于该木偶剧所蕴含的教育价值，编写者提出几点建议。

1. **欣赏与思考。**引导语："海绵宝宝喜欢玩什么游戏？他有什么神奇的本领？海绵宝宝在外面的世界遇到了谁？不同形状的海绵宝宝交上朋友后神奇地变成了什么？当大家正玩得开心的时候，突然发生了一件什么事？结果如何？"

2. **科学领域。**结合该木偶剧并提供各种真实的海绵，引导小班和中班幼儿认识正方形、长方形、三角形等平面图形的特征；引导大班幼儿认识正方体、长方体、球体等立体图形的特征，并寻找生活中相似形状的物品。

3. **语言领域。**引导幼儿学习木偶剧中的主要角色对话，理解并正确运用相关的动词。

4. **艺术领域。**引导幼儿利用各种海绵组合创作剧中的角色，并参与木偶剧表演；鼓励幼儿进一步想象，组合创作出新的角色，并创编到木偶剧中。

5. **健康领域。**结合该木偶剧的结尾部分，引导幼儿思考："游戏时要注意哪些安全问题？""当发生意外时如何保护自己？"

6. **家园共育。**建议家长与幼儿一同欣赏该木偶剧。开展家庭教育指导活动，引导家长收集生活中的各种海绵，利用洗澡、洗手的时机，与幼儿玩"海绵吸水""海绵变变变"等游戏，一起探索海绵的特性，同时也让幼儿感受到家人的呵护与陪伴，增进亲子情感等。引导幼儿观察日常生活中的事物，寻找事物的异同点和关系，培养幼儿观察与多向思维的习惯和能力。

特别的日子

场景：森林，将舞台设计成两道幕

角色：大嘴鸟、大嘴怪、狐狸、小猫、小兔、小熊、动物人偶

道具：玩具、小球、蛋糕、房子、树

〔幕启。音乐响起，幼儿两两配合，在第二道幕扮演动物人偶随乐舞蹈。大嘴鸟出场。〕

众动物：今天是个好日子，（唱）又吃又玩又唱歌，真呀真开心！

大嘴鸟：你们知道是什么好事情吗？偷偷告诉你们，今天是大嘴怪的生日。

众动物：我们去准备礼物吧，给她一个惊喜！

〔第二道幕关闭，众动物人偶和大嘴鸟退场。大嘴怪出场。〕

大嘴怪：我是森林里的大嘴怪。虽然我很丑，但我很温柔。大家夸我心地善良，乐于助人。今天天气真好，我要出门找伙伴玩。

〔大嘴怪退场。小兔拿着玩具出场，躲在树后的狐狸走向小兔。〕

狐狸：小兔，小兔，你的玩具真漂亮，让我玩一玩，好吗？

小兔：不行，不行！狐狸，狐狸，你这坏东西，天天不做工，还想找我借玩具。哼，我才不借你！

狐狸：你不给我，我就抢！

小兔：不借，不借，就不借！

〔大嘴鸟出场。〕

大嘴鸟：不好，狐狸抢玩具！快来帮帮忙！

〔大嘴怪出场。〕

大嘴怪：（用嘴啄狐狸）走开，走开！坏东西！

狐狸：哎哟！疼死我了！

〔狐狸灰溜溜地逃走了，退场。大嘴鸟退场。〕

大嘴怪：小兔，你的玩具真漂亮，让我玩一玩，好吗？

小兔：现在不可以！待会儿一定让你玩个够！（偷笑）

大嘴怪：小气鬼，不借就算了，还假惺惺的。

小兔：哈哈！别急，别急，待会儿给你一个惊喜。

大嘴怪：哼，我才不稀罕！

〔小兔继续往前走，大嘴怪生气地走了，退场。小猫顶着小球从舞台左侧出场。狐狸从舞台右侧出场。〕

狐狸：小猫，小猫，你的小球真好玩，让我玩一玩，好吗？

小猫：不行，不行。狐狸，狐狸，你这坏东西，天天不做工，

金教鞭

还想找我借玩具。哼，我才不借给你！

狐狸：你不给我，我就抢！

小猫：不借，不借，就不借！

〔小猫和狐狸互相争抢。大嘴鸟和大嘴怪分别从舞台两侧出场。〕

大嘴鸟：不好，狐狸又来抢玩具！快来帮帮忙！

大嘴怪：（用嘴啄狐狸）走开，走开！坏东西！

狐狸：哎哟！疼死我了！

〔狐狸又灰溜溜地逃走了，退场。〕

大嘴怪：小猫，你的小球真好玩，让我玩一玩，好吗？

小猫：（一本正经地）现在不可以！待会儿我会送给你。（退场）

大嘴怪：（懊恼地）小心眼儿！小猫，我再也不跟你玩了！

大嘴鸟：哈哈！别生气，别生气，待会儿一定给你惊喜。（退场）

大嘴怪：哼，我才不稀罕！（生气地走了，退场）

〔小熊出场，狐狸跟随着小熊，出场。〕

狐狸：小熊，你做的蛋糕真香，求求你让我尝一口，我的肚子饿得咕咕叫。

小熊：不行，不行。狐狸，狐狸，你这坏东西，天天不做工，还想白白吃东西。哼，我才不给你！

狐狸：你不给我，我就抢！

小熊：不给，不给，就不给！

〔大嘴鸟和大嘴怪分别从舞台两侧出场。〕

大嘴鸟：不好，狐狸抢蛋糕！快来帮帮忙！

大嘴怪：（用嘴啄狐狸）走开，走开！坏东西！

狐狸：哎哟！疼死我了！

〔狐狸又灰溜溜地逃走了，退场。〕

大嘴怪：小熊，你做的蛋糕真香，让我尝一口，好吗？

小熊：可以啊！你要吃多少，尽管吃！

大嘴怪：（兴奋地）真的吗？我可以吃一块吗？

〔众动物出场。〕

众动物：生日快乐！今天是个特别的日子，新玩具让你玩个够！生日快乐！今天是个特别的日子，蛋糕让你吃个够！

〔三个动物人偶随音乐走上舞台，欢乐地跳舞。〕

众动物：哈哈！我们从来没有看见这么精彩的表演！好！太好看了！

大嘴怪：哇！今天是我的生日，这些礼物都是送给我的！谢谢大家！我……我误会大家了！

〔大嘴怪不好意思地低下了头，随后与大家一起跳舞庆祝特别的日子。〕

〔剧终。〕

故事来源：《小熊请客》（包蕾/文，颜志强/图），少年儿童出版社 1985 年版。

【活动建议】

过生日是幼儿最喜欢、最期盼的活动之一。因为在生日这一特别的日子里，有蛋糕，有礼物，有欢乐的气氛，有真挚美好的祝福。该木偶剧既真实地反映了乐于助人的大嘴怪和好吃懒做的狐狸两种不同的性格特征，又利用反转剧情的手法，使得情节生动有趣，可看性强。另外，该木偶剧除了运用传统的布袋木偶表演，还创新了人偶的表演形式。幼儿自主彩绘脸谱，设计立体夸张的动物人偶形象；与同伴合作，让戏剧表演更加丰富、有动感。鉴于该木偶剧所蕴含的教育价值，编写者提出几点建议。

1. **欣赏与思考。**引导语：“剧中有谁？大嘴怪是一只什么样的动物？谁想要骗走动物们的礼物？他成功了吗？为什么？大嘴怪也想要动物们的礼物，动物们给他了吗？为什么？这个特别的日子是什么日子呀？”

2. **语言领域。**引导幼儿学习剧中的角色对话，了解不同角色的性格特征，尝试用不同的语气和语调表现不同的角色；提供绘本《小熊请客》，引导幼儿阅读讲述绘本的主要内容。

3. **艺术领域。**引导幼儿模仿剧中动物的表演；组织幼儿开展“脸部创意彩绘”活动，引导幼儿设计不同的角色造型；引导大班幼儿尝试两人合作表演动物人偶，协调配合好头部和四肢的动作；组织小班幼儿演唱歌曲《祝你生日快乐》。

4. **社会领域。**结合该木偶剧，引导幼儿懂得爱憎分明，不学狐狸好吃懒做，要学大嘴怪乐于助人，学小动物们与同伴团结友爱。

5. **家园共育。**引导家长与幼儿一同欣赏该木偶剧。

小老鼠的航天梦

第　一　幕

场景：森林

角色：老鼠舒克、老鼠贝塔、小狗汪汪、小猫咪咪、小猪肉肉

道具：坦克、飞机、单杠、哑铃、书

〔幕启。老鼠舒克、老鼠贝塔出场。〕

老鼠舒克：嗨，大家好啊！我是飞行员舒克。

老鼠贝塔：我是坦克手贝塔！舒克，快点快点，天宫课堂快开始了。

老鼠舒克：哎呀，差点忘记了，今天有我的偶像王亚平阿姨主持的天宫课堂呢！我的梦想是成为世界上最厉害的航天员。

〔小狗汪汪出场。〕

小狗汪汪：舒克？一只小小的老鼠也有这么大的梦想？哈哈哈，简直笑死人了！

老鼠舒克：哼，你别瞧不起人！

〔小猫咪咪出场，恶狠狠地看着老鼠舒克和老鼠贝塔。〕

小猫咪咪：哼，你们还敢回来！

老鼠贝塔：咪咪，我不跟你斗。（往后退几步）

小猫咪咪：猫和老鼠永远是天敌！我的梦想是抓住天底下所有的老鼠。

〔音乐响起，小猫咪咪追逐老鼠贝塔。〕

老鼠舒克：不许再追贝塔！我不允许别人欺负我的朋友！

小猫咪咪：哈哈，自投罗网！刚好把你俩一起抓了。

小狗汪汪：（走向小猫咪咪）咪咪，人家是两个，你一个，不占优势。

小猫咪咪：两个怎么了？两个也是小小的老鼠！

老鼠舒克：（不服气地）老鼠小怎么啦？你看，小老鼠也能造大坦克，能开大飞机，以后我还要成为全世界最厉害的航天员。我们小老鼠也能干大事！

小猫咪咪：你做梦呢！你们老鼠自古以来都是往洞里钻，能上天就不错了，还想上宇宙，笑死人了！

老鼠舒克：我虽然小，可我现在已经是飞行员了，成为航天员是有优势的。

小猫咪咪：航天员要有强健的体魄，你那么小，行吗？

老鼠舒克：我每天都在锻炼身体，一定会身强力壮的。

小狗汪汪：航天员要懂得很多的航天知识，你懂吗？

老鼠舒克：你知道为什么人在太空里站不住，会飞起来吗？

小狗汪汪：这，不知道。

老鼠舒克：那是因为太空是一个失重的环境，所有东西在太空中都是飘浮着的。

小猫咪咪：知道这些又有什么用，老鼠就是老鼠，你永远成不了航天员的。喵！

〔音乐响起，小猫咪咪又开始抓老鼠舒克和老鼠贝塔，老鼠舒克和老鼠贝塔只好一直躲闪。〕

小狗汪汪：打起来，打起来，哎呀，打起来！

〔小猫咪咪和小狗汪汪退场。音乐响起，老鼠舒克拿着哑铃在锻炼身体，老鼠贝塔在旁边陪他锻炼。〕

老鼠舒克：大家都瞧不起我们小老鼠，我一定要成为航天员，到时看他们还敢不敢笑话我。

老鼠贝塔：行，舒克，你做什么我都支持。

〔小猪肉肉手拿一本书出场。〕

小猪肉肉：舒克、贝塔，你们在做什么呢？

老鼠舒克：肉肉，我们在锻炼身体，把身体练强壮了，我一定会成为航天员，我的梦想一定会实现！

小猪肉肉：舒克，我相信你，你可是我的偶像。长大以后我也要上天，做一只飞天猪。

老鼠舒克：肉肉，我相信你的梦想一定会实现的，我们一起努力。

小猪肉肉：对了，我这里有一本探索宇宙的书，送给你。

老鼠舒克：谢谢你，肉肉！我一定会好好学习，将来成为航天员，我带你们一起飞到太空去探索宇宙的奥秘。

众动物：我们一起加油，朝着梦想努力。（手拉手在一起加油鼓劲）

〔音乐响起，老鼠舒克、老鼠贝塔、小猪肉肉一起锻炼身体。突然广播响起。〕

旁白：紧急通知，紧急通知，动物城航天站要招一名航天员，想报名的现在到航天站广场上参加面试。

老鼠舒克：太好了，太好了，机会来了！贝塔、肉肉，我们快去报名！

老鼠贝塔：走，我们陪你。

第　二　幕

场景：动物城航天站

角色：老鼠舒克、老鼠贝塔、小猪肉肉、小猫咪咪、小狗汪汪、航天员老虎

道具：石头

〔小狗汪汪、小猫咪咪出场。〕

小猫咪咪：你们还敢来！

老鼠舒克：我们才不怕你呢，一会儿我肯定能被选上并成为航天员。

小猫咪咪：小小的老鼠也敢做大梦，一会儿让你看看自己的梦想有多愚蠢。

〔航天员老虎出场。〕

航天员老虎：都安静！接下来，要进行第一项——身体素质的比赛。请大家在操场上跑一圈，谁最快到达终点，谁就获胜。

老鼠舒克：嘿，看我快速旋风腿！

小猫咪咪：还想跑赢我，做梦去吧！

航天员老虎：听口令，预备，跑！

〔所有动物听到口令，全部飞快地跑了出去，小猫咪咪跑在最前面。〕

老鼠舒克：啊！（使尽全身力气跑出去）

观众：舒克，加油！舒克，加油！

小猫咪咪：呵呵，加再多油也没有用。（回头一看，舒克已经追上他了）不可能，啊！（被石头绊倒了）

老鼠舒克：（使劲往前冲刺）耶！我赢了，我赢了！

航天员老虎：第一项比赛获胜的是老鼠舒克。现在开始进行第二项比赛——航天知识抢答。共三题，请听第一题："共有几名航天员搭载神舟十三号飞船到达太空？"

老鼠舒克：（成功抢答）共三名，有翟志刚叔叔、王亚平阿姨、叶光富叔叔。

小猫咪咪：我也会，只是我慢了一点点。

航天员老虎：请听第二题："航天员在太空是怎么睡觉的？"

小猫咪咪：这下我最快了吧，小样！我知道，躺在床上睡觉。

航天员老虎：回答错误。

老鼠舒克：我知道，我知道。航天员睡觉需要钻进特制的睡袋里。航天员睡觉时不仅可以躺着，还可以站着睡觉，甚至是倒立着睡。

航天员老虎：回答正确，加一分。最后一题："航天员在太空上厕所能冲水吗？"

小猫咪咪：肯定可以。

老鼠舒克：不对，不能冲水。飞船上的厕所是特制的，它就像吸尘器一样，会把航天员的粪便吸走。

航天员老虎：回答正确，恭喜舒克正式成为一名航天员。

老鼠舒克：我的梦想终于实现了！

众动物：太好了！太好了！

老鼠舒克：朋友们，谢谢你们的支持和陪伴！（对着小狗汪汪和小猫咪咪）看吧，我们老鼠虽然小，但是也有大梦想，只要我们朝着梦想努力，不放弃，克服困难，就一定会实现梦想的。我相信，未来我一定会登上空间站，为航天事业做贡献。

〔音乐响起，台上的木偶与台下穿着航天员衣服的幼儿进行互动表演。〕

〔剧终。〕

【活动建议】

我国成功发射了神舟十七号飞船，再次点燃了幼儿的航天梦。猫和鼠是一对天敌，猫往往是作为胜利者的形象出现。该木偶剧却以大家所熟悉的老鼠舒克与老鼠贝塔为主要角色，他们虽然被小猫咪咪嫌弃、嘲笑，但仍不懈追求着自己的航天梦；老鼠舒克通过种种努力，最终战胜小猫咪咪，实现了梦想。鉴于该木偶剧所蕴含的教育价值，编写者提出几点建议。

1. **欣赏与思考。**引导语："老鼠舒克有一个什么梦想？还有谁也想成为航天员？小猫咪咪的天敌是谁？他遇到老鼠舒克和老鼠贝塔时做了什么？要成为航天员需要哪些条件？老鼠舒克和老鼠贝塔为了实现航天梦，是怎么做的？最终谁获得了胜利？为什么？剧中告诉我们哪些航天小知识？"

2. **科学领域。**结合该木偶剧，通过与航天有关的图书、电视节目、动画片等，引导幼儿探索航天小知识，了解"为什么只有火箭才能去太空？""火箭到底有什么特点？""火箭和飞船有什么不同？"……引发幼儿对火箭、飞船和航天飞行的探究兴趣。

3. **语言领域。**开展谈话活动"小小航天梦""航天设计师"，引导幼儿说说自己的航天梦和对未来太空飞船的设想。开展"我知道的航天知识"分享交流活动、"航天问题"辩论会，让幼儿在分享辩论中探秘航天小知识。在阅读区提供与航天有关的图书，引导幼儿阅读讲述航天员的飞天历程、航天员的训练、航天员需要做什么、火箭如何发射、空间实验室等相关内容。

4. **社会领域。**引导幼儿向老鼠舒克学习，坚持自己的梦想，好好学习、加强锻炼，努力实现自己的梦想。开展“走近航天员”活动，了解中国航天员的衣食住行，认识中国著名的航天员，学习航天员不怕困难、勇于挑战、迎难而上的航天精神，激发幼儿对航天员的敬意，从而萌发爱国之情。

5. **社会实践活动。**可组织幼儿到科技馆参观太空馆，了解火箭和太空的相关知识，参观航天员太空生活展，了解航天员的生活和工作情况，体验航天员乘坐飞船的感受等。

6. **家园共育。**开展家庭教育指导活动，引导家长带领幼儿关注神舟飞船发射、航天员等相关新闻，了解祖国航天事业的发展。

小兔乖乖

场景：森林、草地、房子

角色：大灰狼、兔妈妈、三只小兔（分别是长耳朵、红眼睛、短尾巴）

道具：可以推开的门、篮子、胡萝卜、蘑菇、大灰狼尾巴、大树

〔幕启。三只小兔在家游戏，兔妈妈准备出门。森林里的大灰狼躲在大树后面观望。〕

兔妈妈：（招手）宝宝们！

三只小兔：（转身向着妈妈）哎，妈妈，我们在这儿呢！

兔妈妈：宝宝们，（提起篮子）妈妈要去地里拔萝卜，你们好好看着家，把门关得紧紧的，谁来也不开，等妈妈回来才能开。知道了吗？

三只小兔：（点头）知道了，妈妈！

兔妈妈：记住，妈妈没回来，谁来也不能开门！（推开门，走出房子）

三只小兔：妈妈，再见！

兔妈妈：宝宝们，再见！

〔欢快的音乐响起，兔妈妈拎着篮子走到不远处拔萝卜。紧张的音乐响起，躲在大树后面的大灰狼走到小兔家门前。〕

大灰狼：（拍拍肚子）开门，开门，我是你们的妈妈。快开门！

〔大灰狼用力拍门，门关得紧紧的。〕

红眼睛：是妈妈吗？

短尾巴、长耳朵：不对，不对，这不是妈妈的声音，不能开门！

三只小兔：你不是我们的妈妈。（唱）不开不开我不开，妈妈没回来，谁来也不开。

大灰狼：哼！

〔大灰狼气得直跺脚。兔妈妈提着一篮胡萝卜回来了。大灰狼连忙跑到大树背后躲起来偷看。〕

兔妈妈：（唱）小兔子乖乖，把门儿开开，快点儿开开，我要进来。

三只小兔：（高兴地）妈妈，是妈妈，妈妈回来了！（拍手唱歌）就开就开我就开，妈妈回来了，我就把门开。

〔三只小兔开门，帮妈妈拎篮子。〕

大灰狼：（在大树后面一边点头，一边自言自语）原来要唱歌小兔才开门。太好了，我学会了刚才兔妈妈唱的歌，我有办法了。（躲在大树后面偷笑）

〔兔妈妈提着篮子准备出门。大灰狼躲在大树后面观望。〕

兔妈妈：宝宝们，妈妈要去采蘑菇，你们好好看家，谁来也不要开门，等妈妈回来才能开，好吗？

三只小兔：（点头）好的，妈妈！

兔妈妈：记住，妈妈没回来，谁来也不能开门！（推开门，走出房子，走向远处）

三只小兔：（挥手道别）妈妈，再见！

〔兔妈妈走到远处采蘑菇。躲在大树后面的大灰狼走出来，来到小兔家门前。〕

大灰狼：（模仿兔妈妈唱歌）小兔子乖乖，把门儿开开，快点儿开开，我要进来。

红眼睛、短尾巴：（欢呼）妈妈回来了，妈妈回来了！（跑到门口）

长耳朵：（一手拉住红眼睛，一手拉住短尾巴）不对，不对，这不是妈妈的声音。

红眼睛、短尾巴：是的，不像妈妈的声音。

三只小兔：你不是我们的妈妈！（唱）不开不开我不开，妈妈没回来，谁来也不开！

大灰狼：（捏着鼻子，边敲门边假声说）我的小乖乖，我是你们的妈妈，我是你们的妈妈，快点开门！（用力拍打着门板）

三只小兔：怎么办？一定是大灰狼。

〔三只小兔围在一起想办法，然后他们来到门前。〕

三只小兔：（大声地）我们不信，我们不信！要不，你把尾巴伸进来让我们瞧瞧！

〔小兔们打开了一小道门缝。〕

大灰狼：（高兴地）好嘞，我这就把尾巴伸进来，让你们瞧一瞧。（扭着屁股把尾巴伸进门缝里）

三只小兔：一、二、三！（一起用力关紧门，夹住了大灰狼的尾巴）

大灰狼：哎哟，哎哟，疼死我了，疼死我了！（抱住屁股）

〔兔妈妈拎着一篮蘑菇回来了，看到痛得直叫的大灰狼。这时，三只小兔把门打开了一条缝，大灰狼赶快抽出尾巴，逃走了，退场。〕

兔妈妈：（轻轻敲门，唱）小兔子乖乖，把门儿开开，快点儿开开，我要进来。

三只小兔：（高兴地拍手唱歌）就开就开我就开，妈妈回来了，我就把门开。（开门围着妈妈）噢，妈妈回来了，我们战胜了大灰狼，我们胜利了！

兔妈妈：（惊讶地）我的宝宝们，你们真勇敢！居然打败了大灰狼，真是太厉害了！（亲亲红眼睛、亲亲长耳朵，又亲亲短尾巴）

〔剧终。〕

故事来源：故事《小兔乖乖》，《领域活动指导》（小班下册），福建人民出版社 2022 年版。

【活动建议】

《小兔乖乖》是家喻户晓的经典文学作品。鉴于该木偶剧所蕴含的教育价值，编写者提出几点建议。

1. **欣赏与思考。**引导语：“兔妈妈要去地里拔萝卜，她是怎么对小兔子们说的？三只小兔子是怎么做的？”

2. **语言领域。**引导幼儿学习兔妈妈和小兔子的对话，能用短句“我喜欢×××（兔妈妈、红眼睛、长耳朵、短尾巴等）”或“我要和×××交朋友”进行交谈。

3. **艺术领域。**引导幼儿利用废旧材料，如信封、纸筒等，制作小兔子、兔妈妈和大灰狼等木偶及道具，并进行木偶剧表演；结合音乐活动引导幼儿学唱歌曲《小兔子乖乖》。

4. **科学领域。**引导幼儿认识小兔子和大灰狼的生活习性，知道小兔子喜欢吃胡萝卜、青菜，大灰狼喜欢吃小兔子之类的小动物。

5. **社会领域。**借助该木偶剧，让幼儿懂得爱妈妈、爱爸爸、爱家人，会认真倾听和记住家人对自己说的话。

爱笑的宝宝人人爱

第　一　幕

场景：红红家

角色：红红、妈妈

道具：床

〔幕启。清晨，伴随着欢快的小鸟叫声，红红正躺在床上睡得香。妈妈出场。〕

妈妈：（走到床边轻轻摇红红）亲爱的宝贝，起床了！准备上幼儿园啦！

红红：（从床上一跃而起，笑眯眯地）亲爱的妈妈，早上好！哈哈哈，太好了，又要去幼儿园玩游戏啦！

妈妈：（温柔地摸着红红的头）我家红红真爱笑，两个酒窝真好看！赶紧刷牙、洗脸、吃早餐，可不要迟到了哟！

红红：（拉着妈妈的手，高兴地）嗯嗯，妈妈说得对，我可不想迟到！（说完拉着妈妈的手绕场一圈，退场）

第　二　幕

场景：幼儿园

角色：红红、妈妈、苗苗老师、东东、妞妞

道具：机器人、镜子

〔幕启。轻快的音乐响起，妈妈和红红从舞台右侧出场。〕

妈妈：宝贝，妈妈上班去了，你在幼儿园好好玩，下午妈妈来接你哟！

红红：好的，妈妈，再见！

妈妈：宝贝，再见！（退场）

〔苗苗老师从舞台左侧出场。红红转身向苗苗老师跑去。〕

红红：（开心地一蹦一跳）苗苗老师，我来了！哎呀——（不小心摔倒）

苗苗老师：（迅速扶起红红）红红，摔疼了吧？来，赶紧让老师看看！

红红：（站起来拍了拍身上）嘻嘻——苗苗老师，我没事！（“咯咯咯”笑起来）

苗苗老师：我们红红真勇敢，笑起来真好看！

〔东东从舞台左侧快速跑出来，出场。〕

红红：东东，猜猜我今天带了什么好玩的玩具和你玩。

东东：哇，太好了，一定很有趣哟！我猜是布娃娃。

红红：（神秘地掏出机器人）哈哈，东东，你看，我带了超级好玩的机器人！

东东：（开心地拍手）哇，这个机器人太好玩了！谢谢红红！

〔远处传来小朋友的哭声，妞妞出场，然后坐在椅子上哭。〕

红红、东东：（赶紧跑过去，拉着妞妞的手）妞妞，我们和你一起玩吧！

妞妞：我不要玩，我想回家，我要找妈妈！

红红：（轻轻地帮妞妞擦干眼泪）妞妞，你哭起来眼睛都变红了，像一只红眼睛的小白兔，等一下妈妈都认不出你了。快别哭了！

妞妞：（停止哭声）真的吗？我的眼睛变红了？

东东：哎呀，是真的，妞妞的眼睛变成红眼睛了。

红红：对啊，不信你看！

〔东东把镜子拿过来给妞妞看。〕

妞妞：（仔细地拿着镜子看自己的眼睛）糟了，我的眼睛真的变红了。这可怎么办？

红红：没事，没事，我妈妈说，只要不哭，做个爱笑的宝宝，眼睛就不红了。

东东：妞妞，我们和你一起玩吧！

〔欢快的音乐响起，红红、东东、妞妞手拉手转圈圈，妞妞高兴地笑了。〕

红红：妞妞，你笑起来也很好看！我妈妈说了，爱笑的宝宝人人爱哟！

〔剧终。〕

【活动建议】

该木偶剧生动地展现了小朋友在家和在幼儿园的日常活动，通过红红和妞妞在幼儿园表现的对比，引导幼儿知道每天要高高兴兴地上幼儿园。鉴于该木偶剧所蕴含的教育价值，编写者提出几点建议。

1. **欣赏与思考。**引导语："小朋友可以在幼儿园做什么？你喜欢玩什么玩具？"

2. **社会领域。**引导幼儿观察不同的表情，知道生气、难过、开心等不同情绪下表情的变化及其特征。借助该木偶剧，让幼儿懂得主动大方地与老师、同伴交往互动，感受上幼儿园的快乐。

伤心的猫宝宝

场景：公园

角色：小猫、猫妈妈、狐狸、猴警察

道具：长凳、风车、汉堡包、水瓶

〔幕启。欢快的音乐响起，小猫蹦蹦跳跳地和猫妈妈一起出场。〕

小猫：妈妈，今天公园里这么热闹，我玩得好开心啊！

猫妈妈：（轻轻摸着小猫的头）是呀，我的宝贝，这么多人，你可得跟紧妈妈，千万别走丢了。

小猫：（抬起头）嗯，知道了！妈妈，我觉得口好渴呀，我想喝水。

猫妈妈：（四处看了看）妈妈去给你买水，可是卖水的地方比较远，你坐在长凳上等妈妈回来，千万不要走开，知道吗？

小猫：好的，记住了！妈妈，我会乖乖地坐在这里等你回来。

〔猫妈妈退场。紧张而诡异的音乐声响起，一只狐狸偷偷摸摸

地出场。〕

狐狸：（贼头贼脑地看着小猫）咦，竟然有一只这么可爱的小猫，身边还没有父母陪着。哈哈，看来我今天没有白来一趟哟！

小猫：（左顾右盼四处看）妈妈怎么还不回来呀？

狐狸：（从身后拿出了风车和汉堡包，悄悄地靠近小猫）猫宝宝，这是送给你的风车和汉堡包，今天公园里还有好看的节目，我带你去看吧！

小猫：（摇摇头）不行，不行，妈妈说了，让我在这里等她，她去给我买水了。

狐狸：（拿出一瓶水）哦，真是好孩子！我是你妈妈的朋友，她叫我给你送水来了。

小猫：（很开心地从椅子上跳下来，一把接过水瓶）真的吗？

狐狸：当然是真的，你妈妈就在前面等我们，我带你去找她。

小猫：好呀，好呀，你快带我去找妈妈吧！

狐狸：别着急，我们这就去找妈妈。（四处看了看，带着小猫出发）

〔紧张的音乐响起，小猫跟着狐狸走。〕

小猫：咦，我的妈妈到底在哪里？

狐狸：别问了，就在前面。

小猫：可是……可是，我的腿好酸呀，我走不动了。（说完一屁股坐在地上）

狐狸：（急得一把拉起小猫）赶紧走，不然你就别想见到你妈妈了！

小猫：（听狐狸这样一说，立马趴在地上，大哭）我要妈妈，我要妈妈！妈妈，妈妈，你在哪里呀？

狐狸：（紧张地使劲捂住小猫的嘴）你给我闭嘴，不许哭了，真是一只爱哭猫。（一边捂住小猫的嘴巴，一边拽着小猫继续绕场走）

〔警笛声响起，猴警察出场。〕

猴警察：（伸手拦住狐狸和小猫）猫宝宝，你怎么了？

小猫：呜呜，我要去找妈妈，可是找了很久都找不到妈妈。（继续伤心地哭）

猴警察：（围着狐狸转了一圈）你是谁？你要带猫宝宝去哪里？

狐狸：（紧张地低着头，不停地搓着手）我……我……报告猴警察，我有事先走了。（迅速退场）

猴警察：猫宝宝，别哭了，我这就带你去找妈妈。（拉着小猫的手回到公园）

小猫：（看到猫妈妈）妈妈，妈妈，我在这里！

猫妈妈：（一把抱住小猫）你这孩子，怎么不听话到处乱跑呢？妈妈不是跟你说在这里坐着等我回来吗？

猴警察：猫妈妈，以后不要把猫宝宝单独留下来，这样很容易被陌生人带走的。

猫妈妈：好的，好的，谢谢猴警察！下次我一定注意！

猴警察：猫宝宝，你自己一个人离开妈妈多危险啊！以后一定要注意安全，不要随便跟陌生人走，记住了吗？

小猫：（点点头）嗯，我记住了，我以后再也不离开妈妈了。谢谢猴警察！

〔剧终。〕

故事来源：故事《伤心的猫宝宝》，《领域活动指导》（小班上册），福建人民出版社 2023 年版。

【活动建议】

该木偶剧描写了小猫没有牢记妈妈的话，听信狐狸的话，随便跟狐狸走，幸好被猴警察解救后回到猫妈妈身边的故事。在紧凑的剧情中，让幼儿懂得外出时不能随便跟陌生人走，知道自救和求助的基本方法，增强自我保护意识。鉴于该木偶剧所蕴含的教育价值，编写者提出几点建议。

1. **欣赏与思考。**引导语："猫妈妈去买水，她对猫宝宝说什么？猫宝宝记住猫妈妈的话了吗？狐狸是怎样骗猫宝宝的？猫宝宝为什么哭了？猫宝宝被猴警察救出后说了什么？"

2. **健康领域。**结合每年的"安全教育宣传月"开展主题活动，引导幼儿懂得不和陌生人说话、不吃陌生人的食物、不跟陌生人走的道理，知道自救和求助的基本方法，增强幼儿的自我保护意识。

3. **艺术领域。**引导幼儿利用废旧材料，如信封、纸筒等，制作小猫、猫妈妈等桌面偶及道具，并进行木偶剧表演。

4. **家园共育。**指导家长通过讲故事、情境演练、亲子表演等方式对幼儿进行安全教育。

小花猫为啥肚子疼？

场景：左侧森林沙坑、右侧小花猫家

角色：小花猫、猫妈妈、猴医生

道具：小桶、沙铲、苹果、面包、小鱼干、电话座机、药箱、听诊器、药片

〔幕启。欢快的音乐响起，小花猫提着小桶和沙铲从舞台右侧出场。〕

小花猫：喵——喵——聪明可爱小花猫，耳朵灵敏眼睛亮，锋利爪子捉老鼠，人人夸我真厉害！唉，就是妈妈老是批评我不爱洗手。哇，终于可以玩沙子了！（说完跳进沙坑里开始玩沙子）

猫妈妈：（从舞台右侧出场）小花猫，早点回来吃饭哟！

小花猫：（从沙坑里抬起头，擦汗）好的，妈妈！我的肚子咕咕叫了。妈妈，妈妈，我回来了。

猫妈妈：我的小花猫，饿坏了吧？你先去洗洗手，妈妈去把小鱼干拿出来。（退场）

小花猫：（看到桌上的苹果和面包）哇，又大又红的苹果，肯定很甜，赶紧吃一个。（大口大口吃苹果）哇，真解渴呀！还有香喷喷的面包，我也来尝一尝。（大口大口吃面包）呵呵，真舒服啊！（摸着自己的肚子）小肚子吃得圆滚滚。

〔紧张的音乐响起。〕

小花猫：（痛苦地弯下腰）哎哟，哎哟，我的肚子好疼啊！（痛苦地左右翻滚）妈妈，妈妈，快来呀，我的肚子好疼好疼啊！

〔猫妈妈迅速从右侧出场。〕

猫妈妈：（抱着小花猫）我可怜的小花猫，你这是怎么啦？

小花猫：（有气无力）妈妈，我的肚子好疼，好像有虫子在咬我。

猫妈妈：（放开小花猫，连忙打电话给猴医生）猴医生，你好！我家小花猫肚子疼得厉害，你能来看看吗？

猴医生：好的，我马上到！

〔猴医生提着药箱，从舞台左侧出场，进入小花猫家。〕

猴医生：（用手摸摸小花猫的肚子）小花猫，你是不是吃了脏东西？

小花猫：（摇摇头）没有啊！

猴医生：（拿出听诊器，放在小花猫的肚子上）你吃东西前洗手了吗？

小花猫：（不好意思地低下头）我……我，没有洗手就直接吃了苹果和面包。

猴医生：你肚子疼就是因为吃东西前没洗手，手上的许多细菌沾在你吃的食物上，钻进肚子里去了。

猫妈妈：哎呀，这可怎么办呀？

猴医生：我先开点药给他吃吧。（说完从药箱拿出药片，喂到小花猫嘴里）

小花猫：（慢慢地站了起来，惊讶地摸摸自己的肚子）咦，肚子不疼了。

猴医生：小花猫，以后吃东西前都要把小手洗得干干净净的。记住了吗？

小花猫：记住了，记住了，吃饭前先洗手。谢谢猴医生！

〔欢快的音乐响起，小花猫高兴地抱着妈妈。〕

〔剧终。〕

故事来源：故事《小花猫为啥肚子疼？》，《领域活动指导》（小班上册），福建人民出版社 2023 年版。

【活动建议】

该木偶剧讲述贪玩的小花猫回家后，没洗手就拿东西吃，导致肚子疼痛难忍的故事，引导幼儿懂得吃东西前要把小手洗干净，养成良好的卫生习惯。鉴于该木偶剧所蕴含的教育价值，编写者提出几点建议。

1. **欣赏与思考。**引导语：“小花猫为什么会肚子疼？猴医生对小花猫说了什么？”

2. **语言领域。**引导幼儿观察洗手步骤图，学念儿歌《洗手歌》，让幼儿进一步掌握正确的洗手方法。

3. **健康领域。**结合每年的“安全教育宣传月”开展主题活动，引导幼儿懂得饭前便后要洗手，要做一名讲卫生的好宝宝。

4. **艺术领域。**引导幼儿利用废旧材料，如信封、纸筒等，制作小花猫、猫妈妈等角色和道具，并进行木偶戏剧表演。

5. **家园共育。**指导家长在家中提供便于幼儿洗手的设施，帮助幼儿逐步学会正确洗手，养成勤洗手的卫生习惯。

小树叶找快乐

场景：森林（右边有桃子树，底下有一片蘑菇地，左边有一片池塘）

角色：小鸟、小树叶、小青蛙、小狗、小兔、小猴

道具：话筒、篮子、两朵蘑菇（可灵活采摘）、两个桃子（可灵活采摘）、虫子（加小棍子）

〔幕启。音乐响起，小树叶和小鸟出场。〕

小鸟：（边飞边唱歌）啦啦啦，我是一只快乐的小鸟。（停住，疑惑地看向小树叶）小树叶，你怎么啦？

小树叶：（委屈地）我要出门找快乐，可是不知道快乐到底在哪里。小鸟，你快乐吗？

小鸟：我给大家带去美妙的歌声，大家喜欢我，我很快乐。

小树叶：为大家唱歌，自己就能快乐吗？

小鸟：要不你去问问小青蛙，他可能知道快乐在哪里。（说完从舞台左侧退场）

〔一只小青蛙跟着音乐《小跳蛙》做上下跳跃的动作，从舞台左侧出场。小猴出场，在桃子树旁做摘桃子的动作。〕

小树叶：小青蛙，你快乐吗？

小青蛙：（伸出脑袋）我在田里捉害虫，我很快乐！呱——呱——（跳起来抓住一只“害虫”）你看，我又捉到一只害虫了。

〔音乐响起，小狗和提着一篮蘑菇的小兔从另一侧出场，走过来。〕

小狗、小兔：小树叶，你怎么啦？

小树叶：（转头看向小狗和小兔）我在找快乐。你们快乐吗？

小狗：汪汪汪，我为主人看门，我很快乐！

小兔：我帮妈妈采蘑菇，我也很快乐！你看，我的蘑菇多新鲜啊！

小狗：（举手指着树上）快看，小猴在摘桃子。

小树叶：（抬头，眼睛看向树上）小猴，小猴，你快乐吗？

小猴：我可以爬到树上摘果子，我很快乐！

小树叶：哇，听你们这么说，我感觉我也找到了很多快乐，开心极了！

〔音乐响起，众角色随着音乐边唱边退场。〕

〔剧终。〕

故事来源：故事《小树叶找快乐》，《领域活动指导》（中班下册），福建人民出版社 2022 年版。

【活动建议】

学会保持愉快、稳定的情绪，对一个人的成长是非常重要的。该木偶剧通过一片寻找快乐的小树叶，借助重复的对话，传递“快乐就在身边”的美好。鉴于该木偶剧所蕴含的教育价值，编写者提出几点建议。

1. **欣赏与思考。**引导语：“剧中有谁？小树叶遇到了谁？小鸟、小青蛙、小兔、小狗和小猴的快乐是什么？小树叶最后找到自己的快乐了吗？”

2. **社会领域。**借助木偶剧启发幼儿感受剧中小动物们主动关心小树叶的行为，引导幼儿学会在生活中主动关心和帮助同伴。

3. **艺术领域。**可以开展音乐活动“你笑起来真好看”，引导幼儿进行音乐表演或借助乐器进行演奏，感受音乐带来的快乐。引导幼儿模仿剧中重复的角色语言，扮演不同的角色，体验表演的快乐。

想飞的小象

场景：森林（有一棵树，有一条河，有一座高山，有一片草丛）

角色：象妈妈、小象（象鼻子能钩起东西）、狮子、小鸟、花姑娘、蛇、老虎

道具：木头

〔幕启。音乐响起，狮子在河边喝水，小鸟在树上，草地上的象妈妈正在生产。〕

旁白：一个美好的早晨，森林里一片祥和，狮子在河边喝水，小鸟在树上，可爱的小象宝宝出生了。

小象：（从草丛中伸出头）妈妈，妈妈！

象妈妈：宝贝，欢迎来到美丽的森林！看，这些都是你的朋友。

狮子、小鸟：小象，你好！

小象：太好了，第一天就能认识这么多好朋友！

〔狮子和小鸟分别从舞台两侧退场。〕

旁白：第二天，象妈妈带着小象一起在森林里玩耍，走着走着，他们遇到了花姑娘。

小象：你长得真美啊！你是谁啊？

花姑娘：我是花姑娘。

〔花姑娘退场，象宝宝和象妈妈又继续往前走。〕

小象：（站在高山旁边）哇，世界真大啊！

象妈妈：是啊，有河水，有高山，有花有草，世界真美啊！

〔小鸟出场，从上空飞过。〕

小象：要是我也会飞，可以看更多的东西，那该多好呀！（说完爬到树上学飞，很快就掉落下来，摔了个跟头）哎哟，疼死

金教鞭

我了！

〔蛇出场。〕

蛇：小象，我们都有自己的本事。我不会飞，可是我会爬到树上睡觉。（盘绕在树上）

〔狮子从舞台左侧出场。〕

狮子：我也不会飞，可是我能跳过宽宽的大河。

〔老虎从舞台左侧出场。〕

老虎：我也不会飞，可是，我会游泳。

象妈妈：（摸摸小象的头）孩子，我们大象力气大，这是小鸟不能比的。你看！（用长鼻子卷起一根木头，放下来）你也来试试吧！

小象：（惊讶地）哇，妈妈你的鼻子太厉害了！我也来试试。（用鼻子去碰木头）嘿哟，嘿哟！

象妈妈：加油，宝贝，你可以的！

众动物：（一起大声喊）小象，加油，你一定可以的！

〔小象把木头卷起来了再放下。〕

小象：（兴奋地）哈哈，我把木头卷起来了，我也有自己的本领了。

众动物：（高兴地）小象，你真棒！

小象：我是小象，我真幸福！

〔音乐响起，众动物随着音乐边做左右摇摆的动作边退场。〕

〔剧终。〕

故事来源：故事《想飞的小象》，《领域活动指导》（中班上册），福建人民出版社 2023 年版。

【活动建议】

该木偶剧从小象的视角出发，通过小象与不同动物的对话，讲述了小象在动物们和象妈妈的启发下，发现和学会了自己的本领的故事，同时也引导幼儿了解不同动物的生活习性及其特长。鉴于该木偶剧所蕴含的教育价值，编写者提出几点建议。

1. **欣赏与思考。**引导语：“剧中有谁？小象遇到了什么事情？动物们分别有哪些本领？小象最后学到了什么本领？”

2. **语言领域。**引导幼儿学会观察不同动物的动作，学会运用句式“我不会……可是我会……”来模仿剧中角色的语言，掌握不同的动词，并在幼儿充分理解剧情内容后将其运用到表演游戏中，进一步感受不同角色的特点。

小猪和靴子

第　一　幕

场景：森林（左边有一棵树，树下放着一双红色靴子，右边有一片草丛）

角色：小猪、小鸟、狐狸、小狗

道具：红靴子（可在红靴子后面加一根方便取放的棍子）、一束仿真花

〔幕启。音乐响起，小鸟出场。小猪从舞台左侧边唱歌边出场，走到草地上。〕

小猪：啦啦啦，啦啦啦，我是一只聪明的小猪，别看我吃得胖乎乎，我的眼睛一点不迷糊。（再往前走两步，停住）咦，大树旁边怎么有个红红的东西？（走近两步，拿起红靴子）口这么小，底这么大，摸起来滑滑的，真像一个皮袋子呀！（左右看看）这是谁丢的呢？（向左向右各喊一次）谁丢了袋子？谁丢了袋子？

〔狐狸从草丛另一侧出场。〕

小鸟：小猪，小猪，这不是袋子，是一顶漂亮的红帽子呀！（从树上扑腾扑腾翅膀，边飞边说）

小猪：哦，原来这不是袋子，是一顶帽子。（把红靴子拿起来戴在头上）

狐狸：（上前阻止）不对，不对，小猪，这不是帽子，是一个好看的瓶子啊！

小猪：（将红靴子拿下来看了看）是个瓶子也不错，我要采些美丽的野花放进瓶子里。

〔音乐响起，小鸟和狐狸退场。小猪随着音乐边采花，边将花放进红靴子里。〕

小猪：谁丢了瓶子？谁丢了瓶子？

〔舞台另一侧，小狗蹦蹦跳跳出场。〕

小狗：小猪，你的花瓶真漂亮啊！

小猪：是啊，这是我从草地上捡回来的，正在寻找它的主人，可是找了半天也没有人来认领。

小狗：没人丢，没人领，要不我们就送给生病的小熊吧！听说小熊最近生病了，看到这个漂亮的花瓶一定会很开心吧！

小猪：好呀，那我们一起去吧！

〔说完，音乐响起，小猪拿着“花瓶”和小狗一起退场。〕

第　二　幕

场景：小熊家

角色：小狗、小熊、小猪

道具：红靴子（装着仿真花）、沙发、床

〔小猪和小狗从舞台一侧出场，走到小熊家门口。〕

小狗：小熊，你在家吗？

小熊：（虚弱的声音）快请进来吧！

小猪：（拿出“花瓶”）小熊，听说你生病了，我们特地带了鲜花来看你。

小熊：（看见“花瓶”，吃惊地围绕“花瓶”转一圈）这不是花瓶，这是我心爱的红靴子。你们看，我脚上还有一只呢！（抬起脚来）

小猪：哈哈，原来是小熊的红靴子呀！这下终于找到它的主人了。我们来帮你穿上吧！（帮小熊穿上红靴子）

小熊：（穿上红靴子后，左跳右跳）哈哈哈，我终于找到我的红靴子了，谢谢你们！现在我的病全好了。

〔音乐响起，小猪、小狗和小熊随着音乐一起跳舞。〕

〔剧终。〕

故事来源：故事《小猪和靴子》，《领域活动指导》（中班上册），福建人民出版社 2023 年版。

【活动建议】

该木偶剧以小猪发现的一个红红的口小底大的东西为线索，让幼儿跟随小猪的视角，看看其他小动物把这个红红的东西看成什么并寻找它的主人，最后发现原来它是小熊的红靴子。木偶剧最后以“看望生病的小熊”落幕，表现动物之间互相关心、互相帮助的美好品质。鉴于该木偶剧所蕴含的教育价值，编写者提出几点建议。

1. **欣赏与思考。**引导语：“剧中有谁？小猪见到了什么东西？他找到丢失东西的主人了吗？从这个木偶剧中你明白了什么？”

2. **语言领域。**借助图谱的形式，帮助幼儿理解故事内容并提问小猪捡到的红红的东西被小猪、小鸟和狐狸分别当作什么。引导幼儿学习运用“一个”“一顶”“一只”等量词。

真 高 兴

场景：森林，舞台旁边有一棵树

角色：小鸟、青蛙、蝴蝶、小猫、多只小蚂蚁

道具：话筒、蝴蝶翅膀状披风、粮食仿真材料、几张小猫微笑的画

〔幕启。音乐响起，小鸟、青蛙、蝴蝶和小猫分别从舞台两边出场。〕

小鸟：（扑腾翅膀）今天天气真好，我来为你们唱首歌吧，让你们高兴高兴。（拿出话筒伴随着音乐演唱）

青蛙：小鸟，你的声音真好听！我愿意为你们讲故事，让你们高兴高兴。（边翻书边“呱呱、呱呱”地叫）

蝴蝶：轮到我了，我有一双美丽的翅膀，就让我来为你们跳舞吧，让你们高兴高兴。（展开翅膀，随着音乐在舞台上边挥动披风边绕着舞台飞舞）

小猫：（着急地）你们都有自己的本领，我能为朋友们做些什么呢？不行，我也要去学本领。

〔蝴蝶、青蛙、小鸟退场，小猫绕着舞台走一圈，回到舞台中间。〕

小猫：（喘气）唉，上哪儿去学本领呢？

〔音乐响起，小蚂蚁搬着粮食走过来。〕

旁白：正在小猫垂头丧气的时候，一群小蚂蚁搬着粮食从小猫面前走过。

小猫：（微笑地低头看小蚂蚁）小蚂蚁，你们好啊！

小蚂蚁：（抬头看小猫）小猫，你的微笑真甜呀！

小猫：（高兴地）谢谢你们！对呀，我可以把微笑送给朋友们，让他们高兴啊！我这就回家把自己的笑脸画下来。（转头看向小蚂蚁）小蚂蚁，再见！

〔音乐响起，蚂蚁继续前进，小猫从舞台另一侧退场。〕

旁白：第二天的早晨，小动物们又像往常一样来到森林里。

〔音乐响起，小鸟、蝴蝶和青蛙从舞台一侧出场，小猫拿着画从另一侧出场。〕

青蛙：小猫，你的手上拿着什么呀？

小猫：（拿出画晃一晃）我找到让朋友们高兴的方法啦！你们看！

蝴蝶：哇，小猫，你的笑容真甜啊！

小鸟：是啊，可以把这张画送给我吗？

小猫：当然可以，这些画就是要送给你们的。（递画）给你，给你，给你。

众动物：谢谢你，小猫！

小猫：原来甜甜的微笑可以让朋友们这么高兴。小朋友们，记得每天都要用甜甜的微笑来迎接你的朋友哟！

〔众动物随着音乐跳舞。〕

〔剧终。〕

故事来源：故事《真高兴》，《领域活动指导》（中班上册），福建人民出版社 2023 年版。

【活动建议】

该木偶剧中的小猫通过观察其他小动物为朋友们带去快乐的本领，思考自己能为朋友们做些什么，最后受小蚂蚁的启发，用自己的微笑给朋友们带去快乐。鉴于该木偶剧所蕴含的教育价值，编写者提出几点建议。

1. **欣赏与思考。**引导语："剧中有谁？小鸟、青蛙、蝴蝶分别有什么本领？小猫是怎么找到让别人高兴的办法的？你觉得这个方法好吗？为什么？"

2. **语言领域。**启发幼儿围绕剧中的故事情节，结合自己的生活经验展开想象，小猫还可以用什么办法给别人带去快乐，尝试改编故事。此外，还可以结合剧本内容，制作杖偶、布袋偶、道具，组织幼儿表演木偶剧。

小熊请客

场景：小熊家

角色：小熊、小猫、小狗、小兔

道具：桌子、盘子、小鱼、肉骨头、萝卜、青菜、蜂蜜罐

〔幕启。音乐响起，小熊哼着歌，在桌子上摆放食物。〕

小熊：（有节奏地念）小熊我，今天在家请客，好吃的食物全都摆上桌，等着朋友来家玩，来家玩！

〔音乐响起，小熊继续摆食物，小猫出场。〕

小猫：（开心地走上来）喵喵喵，喵喵喵，小猫我来了。

〔小猫轻轻敲门，小熊打开门。〕

小猫：（招手）小熊，你好！

小熊：（做邀请状）小猫，你好！我知道你喜欢吃鱼，请吃吧！

小猫：谢谢你，小熊！

〔小猫接过小鱼，高兴地吃起来。音乐响起，小狗摇着尾巴开心地出场。〕

小狗：汪汪汪，汪汪汪。小熊，你好！小猫，你好！

〔小猫向小狗点点头。小熊和小狗拥抱。〕

小熊：小狗，你好！你最喜欢吃什么？请你自己拿。

小狗：（指着肉骨头）哈哈哈，我最喜欢吃肉骨头，香喷喷的肉骨头可真好吃！

〔音乐响起。小猫吃着小鱼，小狗吃着肉骨头。小兔出场，轻轻敲门。〕

小熊、小猫、小狗：谁在敲门呀？

小熊：（做开门状）哦，原来是小兔来了。

小兔：（开心地）小熊，你好！小猫、小狗，你们好！

小熊、小猫、小狗：小兔，你好！

小熊：小兔，我准备了你最喜欢吃的萝卜和青菜，请吃吧！

小兔：谢谢你，小熊！萝卜青菜我最爱，味道好极了！

〔大家一起吃着美食。〕

小猫、小狗、小兔：谢谢你，小熊！这些食物太好吃了！

小熊：不客气！你们是我的客人，我应该好好招待你们。

〔音乐响起，大家开心地围着圈跳舞。〕

众动物：小客人来做客，敲门有礼问声好。小主人有礼貌，热情相迎请进门。小礼仪大学问，做客待客皆有礼！

〔剧终。〕

故事来源：故事《小熊请客》，《领域活动指导》（中班下册），福建人民出版社 2022 年版。

【活动建议】

该木偶剧展现的是经典童话故事《小熊请客》的片段，通过反复的故事情节，让幼儿了解常见动物的饮食特点，并巧妙地融合了做客待客的礼仪教育。鉴于该木偶剧所蕴含的教育价值，编写者提出几点建议。

1. **欣赏与思考。**引导语："谁要请客？他邀请了几个好朋友？小熊为他们准备了什么好吃的食物？好朋友们喜欢这些食物吗？为什么？好朋友来做客时是怎么做的？他们说了什么？小熊是如何接待好朋友的？"

2. **语言领域。**结合该木偶剧，引导幼儿学习剧中的角色对话，并将所学的礼貌用语运用在日常生活中。

3. **科学领域。**引导幼儿认识熊、兔、狗、猫等动物的基本特征和生活习性。利用木偶和道具玩"喂动物"的游戏，引导幼儿将动物和食物正确配对。

4. **艺术领域。**引导幼儿利用废弃的泡沫小球、纸盒、水果网、卡纸等，制作剧中的木偶和道具，并参与木偶剧的表演。

5. **社会领域。**结合该木偶剧，引导幼儿掌握待客做客的礼仪。在角色区开展角色游戏“娃娃家来客人了”，引导幼儿扮演不同角色，体验有礼待客做客的过程。

6. **家园共育。**请家长创造机会带幼儿外出做客，或邀请同伴来家里做客，提醒幼儿注意礼貌，让幼儿体验友好交往的快乐。

痒 痒 树

场景：幼儿园大门口，中间有一棵痒痒树

角色：人偶痒痒树、霞霞、明明、红红、凯凯

道具：玩具听诊器、放大镜、红药水、创可贴、贴纸

〔幕启。音乐响起，舞台中间的痒痒树发着亮光，摇摆枝叶。霞霞、明明、红红、凯凯出场。〕

霞霞：（开心地）啦啦啦，啦啦啦，我的名字叫霞霞。大家好！你们知道吗？我们幼儿园大门口有一棵怕痒的痒痒树。这棵树真好玩，跟人一样，挺怕痒的。

〔明明、红红、凯凯做给痒痒树挠痒痒的动作。〕

霞霞：（转头看着小朋友和痒痒树）瞧，小朋友可喜欢它了，走到它跟前，总会伸出小手，挠它几下。呵呵呵，痒痒树不怕痒，呵呵呵，真有趣。

〔小朋友挠痒痒树，痒痒树发出“嗞嗞，嗞嗞”的笑声，树叶儿乱颤，伸出枝条。灯光暗下来，明明、红红、凯凯退场。灯光亮，表示隔天。〕

霞霞：（伸出手想摸痒痒树）痒痒树，你好呀！

〔“啪嗒”，痒痒树掉下一颗很大的眼泪，落在霞霞手上。〕

霞霞：（紧张地）痒痒树，你怎么啦？（轻轻地摸了摸痒痒树）

〔“啪嗒”，痒痒树的枝条上又掉下一颗很大的眼泪。〕

霞霞：（着急地）你饿了吗？是不是累了？

〔痒痒树轻轻地摇摇头。〕

霞霞：你哪儿疼吗？

〔痒痒树点点头，眨眼睛，又掉落几颗眼泪。〕

霞霞：（自言自语）痒痒树不会说话，一定难受极了，怎么办？

金教鞭

（做思考状）

霞霞：对了，到活动室里告诉小朋友们，大家一起想办法。（跑着退场）

〔音乐响起，霞霞与伙伴们一起出场，带上了一个玩具听诊器和放大镜。〕

霞霞：大家一起帮忙检查痒痒树的身体，看看痒痒树到底怎么啦。

〔大家一起给痒痒树听听、摸摸、看看，非常认真地给痒痒树检查。〕

明明：（突然喊起来）哎，谁在树干上划了两刀？伤口多深哪！比上回峰峰玩玻璃划的口子还要深！

众幼儿：（围着痒痒树，心疼地抚摸痒痒树的伤口）痒痒树，你还疼吗？

〔红红、凯凯跑着退场，拿着红药水和创可贴重新出场。〕

红红：我们给痒痒树涂红药水吧！（给痒痒树的伤口涂红药水）

〔大家一起对着涂了红药水的伤口轻轻吹。〕

凯凯：（贴创可贴）贴上创可贴，痒痒树就不疼啦！

众幼儿：嗯嗯，贴好伤口，痒痒树就不疼了。

〔伴随着大家的笑声，音乐响起，灯光暗下来，霞霞、明明、红红、凯凯退场。灯光亮，霞霞出场。〕

霞霞：（拿着一张贴纸贴在痒痒树上）这是我请老师帮忙写的，你们知道是什么吗？（念）树是人们的好朋友，不许欺负它、砍它。谁不爱护它，谁就是顶坏的大人和小孩。小朋友们，你们都要爱护树木哟！

〔灯光照射在痒痒树上，明明、红红、凯凯出场。〕

霞霞：（惊讶地）哇，痒痒树开花了！

明明：嗯嗯，花瓣儿肉墩墩的，皱缩着，像妈妈做菜的木耳。

红红：颜色粉红粉红的，像小朋友们的脸蛋一样。

凯凯：哇，真是漂亮极了！

〔痒痒树做开花、摇摆枝条等动作。大家忍不住伸出手，轻轻地挠它。〕

众幼儿：呵呵，痒痒树又“呲呲”地笑了。

〔音乐响起，痒痒树轻轻地抖落几片花瓣，花瓣落在小朋友的脖子上。〕

众幼儿：呵呵呵，痒痒树的花瓣掉进脖子里痒痒的，好舒服啊！哈哈，哈哈！痒痒树，不怕痒，真有趣！痒痒树，会开花，真美丽！痒痒树，我们的好朋友，大家都要爱护它！

〔音乐响起，众幼儿围着痒痒树开心地笑着、跑着……〕

〔剧终。〕

故事来源：故事《痒痒树》，《领域活动指导》（中班下册），福建人民出版社 2022 年版。

【活动建议】

幼儿经常被“挠痒痒”逗乐，痒痒树怕痒的特点与幼儿的生活经验相似。该木偶剧以“挠痒痒”为切入点，让幼儿在理解故事内容的基础上感知痒痒树从快乐到难受落泪再到快乐的过程，也真实展示了幼儿的同理心和爱心，表达了幼儿爱护树木的美好情感。鉴于该木偶剧所蕴含的教育价值，编写者提出几点建议。

1. **欣赏与思考。**引导语：“幼儿园门口的痒痒树有什么神奇之处？痒痒树为什么会落泪？当你受伤的时候有什么感觉？痒痒树疼得掉眼泪，大家是怎样关心它的？如果是你，你有什么好办法能帮助它？痒痒树还会笑吗？治疗后的痒痒树怎么样了？”

2. **语言领域。**结合该木偶剧，引导幼儿边欣赏边理解痒痒树的情感变化，尝试想象并讲述各种帮助痒痒树疗伤的办法；引导幼儿学会剧中的主要角色对话，并尝试表演。

3. **健康领域。**结合该木偶剧，创设“我的心情”专栏，引导幼儿关注自己和同伴的心情变化，并讨论要如何保持心情愉快。

4. **社会领域。**结合该木偶剧，引导幼儿讨论：“当你受伤时有什么感受？”“当小树被破坏了，你会怎么办？”引导幼儿懂得要爱护动植物，爱护大自然，懂得帮助有困难的同伴。

5. **家园共育。**请家长和幼儿一起欣赏该木偶剧，并讨论如何爱护树木。鼓励家长带幼儿参与社区组织的植树护林公益活动，用实际行动爱护树木。

鼹鼠的空调屋

场景：鼹鼠家、透明“玻璃窗”、小河、小山坡

角色：鼹鼠妈妈、鼹鼠哥哥、鼹鼠妹妹、田鼠、刺猬

道具：空调、摇椅、小鱼、野草莓、荷叶

〔幕启。舞台右边鼹鼠妈妈坐在空调下休息，舞台左边两只小鼹鼠出场。〕

鼹鼠哥哥：（摇着头，擦着汗）六月的天，太阳火辣辣的，热死人了！

鼹鼠妹妹：（边擦汗边说）是啊，太热了，赶紧回家吧！

鼹鼠哥哥：（拉着妹妹的手，匆匆往屋里走）对，妈妈在屋里装了一台空调呢！

鼹鼠兄妹：（跨进门）妈妈，这里真是一个清凉的世界呀！

〔音乐响起，鼹鼠妈妈和鼹鼠兄妹在家里。田鼠出场。〕

田鼠：吱吱吱，我是一只小田鼠，吱吱吱，找小鼹鼠一起玩！

〔田鼠走到鼹鼠的家，把鼻子贴在玻璃窗上。〕

田鼠：小鼹鼠，我们到河边去捉鱼吧！

鼹鼠妈妈：（隔着玻璃窗，摇头摆手）不不不，大热天的，我家小鼹鼠不能到外面去，要不会把皮肤晒黑的！

〔鼹鼠兄妹起身看一下窗外，又坐下，闭上眼睛。〕

田鼠：（摆摆手）好的。鼹鼠妈妈、小鼹鼠，再见！

〔田鼠退场，轻柔的音乐响起。鼹鼠妈妈和鼹鼠兄妹继续躺着或坐着休息。刺猬哼着歌，一伸一缩出场。〕

刺猬：（唱）太阳光金亮亮，刺猬上山玩……走，找小鼹鼠一起玩。

〔刺猬走到鼹鼠家，爬上窗户，把鼻子贴在玻璃窗上。〕

刺猬：小鼹鼠们，我们一起去山坡上去摘野草莓吃吧！

〔鼹鼠兄妹起身，懒洋洋地走到窗边，摇着头。〕

鼹鼠兄妹：小刺猬，你好！妈妈不让我们出门，我们家真凉快！

刺猬：（摆摆手）好吧，再见！

〔音乐响起，鼹鼠兄妹走回椅子上坐着，或趴在桌子上不动。田鼠和刺猬走一圈。田鼠来到小河边抓鱼，刺猬在山坡上摘草莓。〕

田鼠：（开心地）瞧，我抓到一条小鱼啦！

刺猬：（开心地）太棒了！我去山坡上摘草莓！

〔田鼠抓着小鱼，刺猬背着野草莓。〕

田鼠、刺猬：（一起边走边说）太阳大，天气热，出身汗，真舒服，真呀真舒服！

〔音乐响起，田鼠和刺猬退场。鼹鼠们继续待在屋里。〕

旁白：鼹鼠们在家休息，继续吹着空调。

鼹鼠妈妈：孩子们，待在空调屋里，真是凉快极了！

鼹鼠兄妹：是啊，妈妈，不活动，不出汗，真舒服！

〔音乐响起，鼹鼠们在家休息，继续吹着空调。灯光忽亮忽暗，表示过了几天。〕

鼹鼠妹妹：（没力气）妈妈，我头很疼，喉咙也难受！

鼹鼠哥哥：（无精打采）我也是，我们没有出汗，浑身感觉没有劲，不舒服。

鼹鼠妈妈：（没力气又有点着急）孩子们，我也感觉有点头疼，明天我们赶紧上医院去看病。

〔灯光变暗，鼹鼠们退场。〕

旁白：（现场互动或教师提问）小朋友们，你们知道鼹鼠们得了什么病吗？为什么呀？

〔音乐响起，灯光亮起，鼹鼠们出场。〕

鼹鼠妈妈：（垂头丧气）唉，医生说我们得了“空调病”，原来一直待在空调屋里容易生病。

〔田鼠和刺猬正从舞台另一侧出场，边走边玩，他们头上撑着

一片遮阳的荷叶，玩得好开心！鼹鼠兄妹偷偷看田鼠和刺猬。〕

鼹鼠兄妹：（小声地）好羡慕啊！他们玩得好开心呀！

鼹鼠妈妈：（看看鼹鼠兄妹，又看看田鼠和刺猬）小田鼠、小刺猬，你们好！明天，让小鼹鼠和你们一起玩吧！

田鼠、刺猬：（开心地）好啊，明天我们在井边的大树下等你们，别忘了！

鼹鼠兄妹：（开心拍手）耶！

〔音乐响起，大家互相打招呼再见，退场。〕

〔剧终。〕

故事来源：故事《鼹鼠的空调屋》，《主题活动指导》（中班下册），福建人民出版社 2022 年版。

【活动建议】

夏日炎炎的日子里，大家习惯待在空调屋内享受清凉。可一直待在空调屋里好吗？该木偶剧中鼹鼠家安装空调后，鼹鼠们就长期待在空调屋内，不参加户外活动，身体出现异样。鉴于该木偶剧所蕴含的教育价值，编写者提出几点建议。

1. **欣赏与思考。**引导语：“鼹鼠们觉得六月的天气如何？鼹鼠一家为什么喜欢待在家里？哪些小动物想邀请鼹鼠兄妹一起做什么事？鼹鼠兄妹答应了吗？为什么？过了几天后，鼹鼠一家发生了什么事情？为什么鼹鼠一家会得空调病？要怎么办？鼹鼠妈妈从一开始不同意鼹鼠兄妹和同伴们外出，到后来有什么变化？为什么？”

2. **语言领域。**引导幼儿学习戏剧中的角色对话，理解剧中角色的心理变化。

3. **健康领域。**结合该木偶剧，引导幼儿讨论夏季使用空调的注意事项，懂得使用空调时室温要尽量保持在 26 摄氏度；待在空调屋里时要多喝温开水；每日清晨和黄昏时，室外比较凉快，要多到户外活动；不宜长时间待在空调屋里，否则容易引起头痛等身体不适。

小兔的萝卜

场景：田地、草丛

角色：小兔、羊妈妈、小猪、兔妈妈

道具：两根萝卜、锄头、风筝

〔幕启。音乐响起，小兔肩上扛着两根萝卜出场。〕

小兔：（有节奏地）我是勤劳的小兔子，拔好萝卜回家去。啦啦啦，啦啦啦，真呀真快乐！

〔羊妈妈手拿锄头出场。小兔开心地走向羊妈妈。〕

小兔：羊妈妈，您好！您在地里干活辛苦了，我送您一根萝卜！

〔羊妈妈放下锄头，接过萝卜。〕

羊妈妈：谢谢你，小兔！你把萝卜送给我，我真快乐！

小兔：不用谢，不用谢！羊妈妈，再见！

羊妈妈：再见！

〔音乐响起，羊妈妈退场。小兔继续往前走，小猪边放着风筝边出场。〕

小猪：小风筝，真好玩，飞得高，飘得远……啊，真累呀，口好渴呀！

〔小猪靠在草丛边休息。小兔跑向小猪。〕

小兔：小猪，小猪，萝卜送给你！

小猪：谢谢你，小兔！你把萝卜送给我，我真快乐！

小兔：你快乐，我也很快乐！

〔音乐响起，小猪和小兔开心地互相拥抱、跳跃，互相摆手说“再见”。〕

小猪、小兔：再见！

〔音乐响起，小猪退场，小兔在舞台上蹦蹦跳跳，兔妈妈出场。〕

兔妈妈：孩子，你回来了呀，拔的萝卜呢？

小兔：妈妈，妈妈，我把自己的萝卜分给了羊妈妈和小猪，我真快乐！

〔兔妈妈开心地拥抱小兔。〕

兔妈妈：你把这件快乐的事告诉了我，我也很快乐！

〔音乐《我快乐》响起，小兔和兔妈妈跳舞。〕

〔剧终。〕

故事来源：故事《小兔的萝卜》，《领域活动指导》（中班下册），2022 年版。

【活动建议】

该木偶剧通过小兔两次分享萝卜的过程，展现了小兔尊敬长辈、帮助同伴、乐于分享的美德。鉴于该木偶剧所蕴含的教育价值，编写者提出几点建议。

1. **欣赏与思考。**引导语："小兔做完什么事准备回家？他为什么感觉很快乐？小兔回家的路上遇到了谁？小兔为什么要把萝卜送给他们？小兔有没有把拔的萝卜带回家？为什么兔妈妈也感到快乐？"

2. **语言领域。**结合该木偶剧，引导幼儿学习木偶剧中的角色对话，掌握剧中相关的量词、动词以及礼貌用语等。引导幼儿尝试利用木偶进行表演，感受分享的快乐。

3. **社会领域。**引导幼儿讨论"为什么要分享？""为什么会快乐？"等问题，让幼儿懂得互相分享能给大家带来快乐。鼓励幼儿与同伴、长辈一起分享好东西、好食物、好事情、好玩的游戏。

4. **艺术领域。**引导幼儿利用废弃牙刷、洗衣刷、海绵等材料，制作剧中相关角色的桌面偶、布袋偶等，并参与木偶剧表演。

5. **家园共育。**请家长与幼儿一起欣赏该木偶剧，并尝试进行亲子木偶剧表演。

戴眼镜的小猴

第　一　幕

场景：小猴家

时间：晚上

角色：小猴灰灰、猴妈妈

道具：电视机、遥控器、沙发

〔幕启。小猴灰灰坐在沙发上，手里拿着遥控器在看电视。猴妈妈从舞台左侧出场。〕

猴妈妈：（边走边说话，埋怨的口吻）灰灰，你怎么还坐在这里看电视呀！（走到小猴灰灰前面）哎，这孩子，一整天，不是玩游戏就是看电视。（从小猴灰灰手里拿走电视遥控器）你看，晚上十点了，不能再看了，赶紧去睡觉。

小猴灰灰：（从沙发上跳下来，要抢猴妈妈的遥控器，着急地）妈妈，不要关电视，动画片可好看了。

猴妈妈：（把遥控器藏到身后）不行，眼睛会近视的。

小猴灰灰：（拉着猴妈妈的衣袖，请求）妈妈，这一集看完，我马上去睡觉。

猴妈妈：（叹气，双手往下垂）唉，这孩子！

小猴灰灰：（从猴妈妈手里拿到遥控器，按下遥控器，坐在沙发上，摇摇脑袋）妈妈，电视怎么模模糊糊的？

猴妈妈：（转头看看电视，再转头看着小猴灰灰）不对呀，电视很清楚。（双手扶着小猴灰灰的肩膀）灰灰，你该不会近视了吧？

小猴灰灰：（用双手揉眼睛，再看电视）妈妈，（仰头大哭）哇——

这可怎么办？我眼睛真的坏了吗？

猴妈妈：（搂着小猴灰灰，拍拍小猴灰灰的背）灰灰，别哭了，明天妈妈带你去医院，可能需要配眼镜了。

小猴灰灰：（哽咽）嗯嗯，好吧！

猴妈妈：（把小猴灰灰从沙发上拉起来）现在先去睡觉。以后，每天看电视不能超过二十分钟。（带着小猴灰灰从舞台左侧退场）

第　二　幕

场景：森林、大树、草地

时间：早上

角色：小猴灰灰、小狗、小兔、大象裁判员、猴妈妈

道具：眼镜（两副，其中一副绑细线）、哨子、玩具枪

〔小狗和小兔手拉手，从舞台右侧出场，看到小猴灰灰。〕

小狗：（手指着小猴灰灰的眼镜）灰灰，你怎么戴上眼镜了？

小猴灰灰：（用手扶了扶自己的眼镜）我每天玩游戏、看电视的时间太长了，眼睛就近视了，配了一副眼镜。（低下头，叹气）唉！

小狗：（用手捂住自己的嘴巴，害怕）这样呀，那我以后可不敢再玩游戏、看电视了。

小兔：灰灰，森林运动会开始了，你参加什么项目的比赛？

小猴灰灰：（转头，一手指向大树）我参加爬树和跑步比赛。

小狗：（指着舞台旁边的树，抬头看树）那棵树可真高呀！树顶都钻进白云里头了。

小兔：（抬头看树，捂住自己的胸口，害怕地）那么高，我可不敢爬上去。

小猴灰灰：（拍拍自己的胸口，自信抬起下巴）我可不怕。以前，我和小伙伴们比赛爬树，总是第一名。

〔大象裁判员身上挂着哨子，手里拿着枪，从舞台左侧出场。〕

大象裁判员：灰灰，爬树比赛马上就要开始了，你准备好了吗？

小猴灰灰：（点点头，走到树下）准备好了。

大象裁判员：（手臂举枪，往上一挥）好，各就各位——比赛开始！

〔“嘭——”，激烈的音乐声和加油声响起。小猴灰灰使劲地爬到树上，停下来，用手扶一下眼镜，再向上爬，再扶一下眼镜。〕

小狗、小兔：灰灰加油呀，灰灰别停下！

小猴灰灰：（沮丧地）不行呀，眼镜一直往下掉，只好停下来扶眼镜。

〔一声响亮的哨声起。〕

大象裁判员：（从旁边走到树下）灰灰下来吧，你这样爬爬停停、停停爬爬，其他小猴早就爬到树顶又回到地上了。

小猴灰灰：（从树上跳到地上，推了推眼镜）哼，这可恨的眼镜，害我输了爬树比赛。

大象裁判员：接下来将举行跑步比赛。

小猴灰灰：（对大象裁判员说）大象裁判，请等我一下。（边说边转身从舞台右侧退场）我去找一根细线，系住眼镜，套在脑袋上。

小狗、小兔：（叹气）唉，戴个眼镜真不方便呀！

〔小猴灰灰戴着眼镜出场。〕

大象裁判员：（举枪）运动员各就各位。

〔小猴灰灰、小狗、小兔在舞台中间，站成一排。〕

大象裁判员：（向上举起枪）预备——跑！

〔发令枪声响起。小狗、小猴灰灰、小兔绕着舞台跑步。小猴灰灰撞倒了小兔。〕

小兔：哎呀！疼死我了，灰灰犯规！

小猴灰灰：（赶紧扶起小兔，着急地道歉）对不起！我跑步，呼呼地喘气，雾蒙住了眼镜，才撞到了你。

〔激烈的音乐声、粗重的喘气声响起。小猴灰灰、小狗、小兔继续绕着舞台跑步。小猴灰灰踩到了小狗，小狗疼得直叫唤。〕

小狗：哎哟！灰灰踩到我了，灰灰犯规！

小猴灰灰：（赶紧扶着小狗，着急地道歉）对不起！眼镜变模糊了，实在看不清楚，对不起！

〔一声清脆的哨声响起。〕

大象裁判员：（从舞台侧后方走过来）灰灰多次犯规，取消比赛资格。

小猴灰灰：（气得扯下眼镜，举高想摔眼镜）这该死的眼镜！

猴妈妈：（从舞台左侧出场，急忙阻止）灰灰，别扔！没了眼镜，你又看不清了。

小猴灰灰：（难过得双手捂脸，哭了起来）妈妈，眼镜一直掉，我没办法爬树。跑步喘气，眼镜蒙了一层雾，根本看不清楚。

猴妈妈：（叹了一口气）唉，以后可不能一个劲儿看电视、玩游戏了。

小猴灰灰：（拉住妈妈的手臂）妈妈，我记住了，以后一定要保护好眼睛！

〔剧终。〕

故事来源：故事《戴眼镜的小猴》，《领域活动指导》（大班上册），福建人民出版社 2023 年版。

【活动建议】

该木偶剧以小猴灰灰长时间看电视导致眼睛近视、戴上眼镜后参加运动会有诸多不便的经历，告诉幼儿长时间看电视的危害以及戴眼镜的不便之处。鉴于该木偶剧所蕴含的教育价值，编写者提出几点建议。

1. **欣赏与思考。**引导语：“小猴灰灰为什么需要戴上眼镜？善于爬树的小猴灰灰为什么在爬树比赛中输了？小猴灰灰为什么被取

金教鞭

消参加跑步比赛的资格？小猴灰灰应该怎样保护视力呢？”

2. **健康领域。**引导幼儿讨论“为什么小猴灰灰会近视？”“如何预防近视？”，增强幼儿保护视力的意识。

3. **语言领域。**引导幼儿理解词汇“模模糊糊”“蒙了一层雾”等词语，理解故事的情节脉络。

4. **艺术领域。**在美工区提供各种废旧物品和手工材料，引导幼儿自制样式简单的木偶和道具，为开展木偶剧表演做准备。

理发师的奇遇

场景：理发店

时间：傍晚

角色：理发师、狮子

道具：椅子、镜子、剪刀、梳子、药水瓶、刷子、推子、卷发器、电烘罩、灭火器

〔幕启。理发师左手拿着梳子，右手拿着剪刀，站在舞台中央。用响板为理发师的声音伴奏。〕

理发师：（左右手交替举起梳子和剪刀，有节奏地）我是一名理发师，左手梳头右手剪，每天从早忙到晚，工作又累又辛苦。唉！傍晚了，准备下班。（转身走向舞台左侧，准备退场）

〔狮子出场，敲门声响起。〕

理发师：（转身，走向舞台右侧，开门）谁呀？（吓得跳起来，后退，尖叫）啊！（浑身发抖，边抖边后退摇摆双手）狮子先生，求求您，请您不要吃我……

狮子：（笑着摆摆手，指着自己的头）师傅别害怕，我是来理发的。

理发师：（发抖，声音颤抖，做“请”的动作）那……那……您请……请……请进。

〔狮子坐在椅子上。〕

狮子：（左右转头）师傅，请您给我烫头发。

理发师：哦，好的，好的。（拿出刷子和药水瓶）

〔诙谐滑稽的音乐响起。理发师拿起药水瓶往狮子头上喷，喷完用刷子刷，再用卷发器卷。〕

理发师：（拿出一个电烘罩）上完药水了，我给您戴上电烘罩。

狮子：（笑着点点头）好的，谢谢您！

〔理发师战战兢兢、瑟瑟发抖地拿着电源线的一头去插电。“轰”的一声，狮子从椅子上摔下来，电烘罩着火了。冒火的“滋滋”声响起。〕

狮子：（躺在地上，摇着头）这是怎么回事？

理发师：（转身一看，吓得后退，大喊）啊！不好了，电烘罩着火了！

〔急促的音乐响起。理发师赶紧跑到舞台一角拿起灭火器，对准狮子的头发猛喷。〕

理发师：（颤抖着）狮……狮子先生，火灭了！我……我……我帮您把电烘罩取下来吧。

狮子：（笑着点点头）嗯，赶紧取下来吧。

〔诙谐滑稽的音乐声响起。理发师取下电烘罩，狮子的一头卷发不见了。〕

理发师：（吓得浑身哆嗦，缩到舞台一侧，颤抖着）糟糕，狮子的卷发烧没了，这下闯大祸了，狮子一定会吃了我的。

狮子：（走到镜子前，左右转头）这样也好，留短发更凉快。师傅，您帮我剪个短发吧。

理发师：好的，我给您理短发。（拿起推子和剪刀，两手直发抖）哎呀！

〔理发师双手一抖，把狮子右边的短发剪下来。理发师捂着头逃到墙角，颤抖着擦额头上的冷汗。狮子转头看看理发师，再对着镜子左右转头看看，笑了笑。〕

旁白：理发师的两手直发抖，把狮子的短发也理坏了。这回理发师更害怕了，她逃到墙角去，头上直冒冷汗。狮子却笑了笑。狮子会吃了理发师吗？理发师有没有帮狮子理好头发呢？聪明的小朋友一定能编出精彩的故事结尾。

〔剧终。〕

故事来源：故事《理发师的奇遇》，《领域活动指导》（大班上册），福建人民出版社 2023 年版。

【活动建议】

该木偶剧情节生动有趣，出人意料，能有效吸引幼儿的注意力。剧中温柔宽容的狮子颠覆了幼儿的原有认知，给幼儿留下深刻的印象。鉴于该木偶剧所蕴含的教育价值，编写者提出几点建议。

1. **欣赏与思考。**引导语："为什么理发师见到狮子后会吓得发抖？理发师为狮子烫发时发生了什么意外？狮子的反应是什么？理发师继续为狮子理发时又发生了什么意外？你觉得狮子为什么笑？狮子还会原谅理发师吗？这个木偶剧有什么奇特的地方？"

2. **语言领域。**通过观看木偶剧，帮助幼儿学习理解"浑身发抖""浑身哆嗦"等词语。在完整欣赏木偶剧的基础上，引导幼儿设计狮子的不同表情图（害羞的笑、尴尬的笑、开心的笑、苦笑……），让幼儿选择表情图，发挥想象预测情节的发展，续编故事结尾。

3. **艺术领域。**在美工区提供废旧物品和手工材料，让幼儿绘制简单的头饰（木偶）和道具。提供各种发型图让幼儿欣赏，鼓励幼儿设计自己喜欢的发型。鼓励幼儿戴上头饰扮演角色或操作木偶表演《理发师的奇遇》。

4. **社会领域。**引导幼儿讨论："你觉得这是一只怎样的狮子？和你印象中的狮子有什么不一样？你喜欢这只狮子吗？为什么？"带领幼儿参观学校周围的理发店，了解理发师的工作内容以及他们所用的工具。

小猴卖“○”

场景：动物百货商店

角色：小猴、小鸭、小猫、小狗、小老虎、小兔

道具：五张画着“○”的纸牌，货架上放着游泳圈、镜子、铁圈、足球、甜甜圈、铁钩、若干花片（充当钱）

〔幕启。鞭炮声、热闹的音乐响起，小猴出场。〕

小猴：（做呼喊状）动物百货商店开张喽——小动物们快来买东西喽——售货员小猴我一定为大家提供最好的服务。

〔小鸭、小猫、小狗、小老虎、小兔手上举着画有“○”的纸牌，小狗的另一只手拿着铁钩，排着队从舞台左侧出场。〕

小鸭、小猫、小狗、小老虎、小兔：（用手比画着“○”）小猴，小猴，我们都要买圆圆的东西。

小猴：（歪着头，抬起下巴，摸脑袋）咦，这“○”是什么意思呢？（两手一拍，高兴）有办法了！

小猴：（看小鸭）小鸭，你买“○”干什么呀？

小鸭：（张开双臂做划水的动作）我要用它学游泳。

小猴：（点点头）知道了。（转身取下游泳圈）这个卖给你。

小鸭：（接过游泳圈，付钱）谢谢小猴，去学游泳喽！（高兴地从舞台右侧退场）

小猴：（看小猫）你呢？小猫，你为什么买“○”呀？

小猫：（双手做洗脸、梳头的动作）我想用它照着洗脸、梳头。

小猴：（点点头）知道了。（转身取下镜子）这个卖给你。

小猫：（拿着镜子照了照，笑着付钱）呵呵，是我需要的。谢谢小猴！（高兴地从舞台右侧退场）

小猴：（挥手和小猫再见）不客气！（看小狗）小狗，你买

"○"有什么用？

小狗：（举起手中的铁钩）我就缺个"○"啦！

小猴：（点点头）明白了。（转身取下铁圈）这个卖给你。

小狗：（拿着铁圈，开心地付钱）哈哈，这下我可以去滚铁圈玩了。谢谢小猴！（高兴地从舞台右侧退场）

小猴：（挥手和小狗再见）不客气，欢迎再来！（看小老虎）小老虎，你也要买"○"吗？

小老虎：（抬起脚）是呀，你瞧，我新球鞋都有了，正等着"○"踢呢！

小猴：（转身取出足球拿给小老虎）这是你需要的。

小老虎：（高兴地付了钱）小猴，这是给你的钱。再见！（高兴地从舞台右侧退场）

小猴：（挥手和小老虎再见）小老虎，再见，欢迎下次再来！

小兔：（举着纸牌）妈妈说，明天早晨让我用"○"当早点。

小猴：（点点头）哦，这样啊！（用一个口袋装了几块甜甜圈递给小兔）小兔，这是你的早点。

小兔：（开心地付钱）谢谢小猴！我把"○"带回家。（从舞台右侧退场）

小猴：（挥手和小兔再见）不客气，欢迎下次再来！

旁白：小鸭、小猫、小狗、小老虎和小兔，五个小伙伴都买到了自己需要的"○"。小朋友们，你们看清楚了吗？它们的"○"各是什么东西呢？

〔剧终。〕

故事来源：故事《小猴卖"○"》，《领域活动指导》（大班上册），福建人民出版社 2023 年版。

【活动建议】

该木偶剧中不同的动物都买"○"，但要买的"○"都不一样，从而引发了幼儿根据已知线索进行合理猜测的兴趣。幼儿通过欣赏木偶剧，能清楚地看见动物们所买的东西到底是什么，获得揭开谜底的喜悦。鉴于该木偶剧所蕴含的教育价值，编写者提出几点建议。

1. **欣赏与思考。**引导语："动物们买东西时对小猴说了什么？小猴为什么能猜出动物们分别要买什么？你觉得听故事和看木偶剧有什么不一样？"启发幼儿从人物对话、动作、场景、道具、音乐等方面欣赏木偶剧的美。

2. **语言领域。**先讲故事，引导幼儿猜测小动物们分别需要买什么，再通过欣赏木偶剧验证自己的想法。鼓励幼儿扮演不同角色，学习小猴和动物们之间的对话。通过讨论"你喜欢小猴吗？为什么？"，引导幼儿感知主角小猴积极思考、解决问题的角色形象。

3. **科学领域。**由木偶剧引发"小猴卖'○'"的游戏情节，出示其他圆形物品，分别请幼儿扮演小猴和其他动物，进行对话，描述不同圆形物品不一样的用途。

4. **艺术领域。**在美工区提供废旧物品等手工材料，让幼儿自制样式简单的木偶和道具，也可以自制动物头饰；引导幼儿以《小猴卖"○"》为蓝本开展表演游戏；指导幼儿用生动的语言、形象的动作扮演不同的动物角色，并创造性地改编或续编故事，例如增加买"○"的新角色，或者改为小猴卖"□"等。

小猫钓鱼

场景：河边

角色：小猫、猫妈妈、蜻蜓、蝴蝶

道具：两支鱼竿、水桶、两个板凳、三条鱼

〔幕启。水声、鸟叫声响起。〕

旁白：这是一个晴朗的好天气，小猫和猫妈妈提着水桶、扛着鱼竿来到小河边钓鱼。

〔小猫、猫妈妈扛着鱼竿，带着板凳、水桶出场。〕

小猫：（探头往小河里看一眼，高兴得跳起来）喵，妈妈，你看，好多鱼呀！（抬头看着猫妈妈）要不我们来比赛吧，看谁钓的鱼又大又多。

猫妈妈：（慈爱地摸着小猫的头）好呀！（放下板凳，抽出鱼竿，向河里抛出鱼钩）

小猫：（抽出鱼竿，向河里抛出鱼钩，坐在板凳上）喵喵，比赛开始！

〔小猫坐不住，抓耳挠腮，左右手交替拿鱼竿。〕

小猫：（低头，叹气）唉，钓鱼真没意思！

猫妈妈：（转头，看着小猫）宝贝，钓鱼要专心。

〔音乐响起，蜻蜓出场。〕

旁白：这时，一只蜻蜓飞过来，小猫看见了。

小猫：（放下鱼竿，去捉蜻蜓）小蜻蜓，你别飞！我要抓住你！

蜻蜓：（盘旋飞舞）你钓鱼不专心，还想抓蜻蜓，你抓不到我的！

小猫：谁说我抓不到你，我一定要抓到你，你等着！

蜻蜓：（盘旋飞舞）你来呀，你来抓我呀！哈哈，我飞走了！（退场）

〔缓慢无力的音乐响起。〕

小猫：（垂头丧气地往回走）唉，蜻蜓飞走了！

旁白：蜻蜓越飞越高，转眼间就不见了。小猫只好耷拉着脑袋回到河边继续钓鱼。这时候，猫妈妈刚好钓到了一条大鱼。

小猫：（走到猫妈妈身边，探头一看，惊奇地举起双手）哇，好大的一条鱼呀！

猫妈妈：（把钓到的大鱼放到水桶里。转头，看着小猫，指着板凳）宝贝坐下来，专心钓鱼，你也能钓到鱼的。

〔小猫拿起钓鱼竿，坐在板凳上钓鱼。音乐响起，蝴蝶出场。〕

旁白：过了一会儿，一只美丽的蝴蝶飞来了。

〔蝴蝶飞过来，停在小猫的鱼竿上，小猫伸出一只手去抓蝴蝶。〕

小猫：哎呀，多美丽的蝴蝶呀！我要抓到你。（放下鱼竿去追蝴蝶）

蝴蝶：你钓鱼不专心，还想抓蝴蝶，你抓不到我的！

小猫：谁说我抓不到你，你等着！

蝴蝶：你来抓我呀！哈哈哈，我躲在花丛里，让你找不到我！

旁白：还没等小猫追到，蝴蝶就在花丛中藏起来了，小猫没抓到蝴蝶，空着手回到河边。他一看，猫妈妈又钓到了一条大鱼。

小猫：（生气地跺脚）真气人，我怎么一条小鱼也钓不着？

猫妈妈：（看了看小猫）宝贝，钓鱼要专心，不要这么三心二意的。（左手一挥）一会儿抓蜻蜓，（右手指向天空）一会儿抓蝴蝶，（两手向前向下放）怎么能钓着鱼呢？

小猫：（低下头）妈妈，我懂了，现在我就一心一意地钓鱼。

猫妈妈：（摸摸小猫的头）嗯，专心做事就对了。

〔音乐响起，蜻蜓、蝴蝶出场，在天空中飞舞。〕

旁白：没多久，蜻蜓和蝴蝶都飞来了，小猫就像没看见一样。

蜻蜓、蝴蝶：（在小猫眼前飞）小猫，小猫，和我们一起玩吧！

小猫：（伸出食指，放在嘴边）嘘，我正钓鱼呢，你们自己玩吧！

猫妈妈：（冲小猫点头微笑）嗯，专心钓鱼，这就对了。

小猫：（过了一会儿，小猫激动地从板凳上站起来大叫）大鱼上钩了，大鱼上钩了！（向猫妈妈招手）妈妈，快来帮帮我，我也钓到一条大鱼了！

〔欢快的音乐响起。〕

旁白：猫妈妈帮小猫拉鱼竿，拉上来一条非常大的鱼。小猫高兴地抱着大鱼又唱又跳。

〔剧终。〕

故事来源：故事《小猫钓鱼》，《领域活动指导》（中班下册），福建人民出版社 2022 年版。

【活动建议】

《小猫钓鱼》是大家耳熟能详的故事。用木偶剧的形式表现故事，角色之间除了对话以外，还有互动，角色形象更加生动立体，故事发生的场景也变得可视化。幼儿通过欣赏木偶剧，懂得了做事要一心一意的道理。鉴于该木偶剧所蕴含的教育价值，编写者提出几点建议。

1. **欣赏与思考。**引导语："故事发生在什么地方？小猫钓鱼时发生了什么事情？小猫是怎样做的？为什么小猫后来能钓到大鱼呢？"

2. **语言领域。**借助木偶剧，引导幼儿学习理解"一心一意""三心二意"等词语。采用分段欣赏木偶剧的形式，帮助幼儿理解剧中的角色形象。

3. **社会领域。**引导幼儿讨论："为什么小猫没有钓到鱼？你会怎么帮助小猫？平时你会一心一意地做什么事情？"引导幼儿懂得在生活中不能三心二意，要养成专心做事的好习惯。

4. **艺术领域。**在美工区提供各种废旧物品和手工材料，让幼儿自制简单的玩偶和道具，再到表演区表演"小猫钓鱼"。